W0354165

BusinessVillage

Iris Zeppezauer

Bei allem Respekt!

Wie Sie durch Klarheit ganz natürlich Ansehen gewinnen

BusinessVillage

Iris Zeppezauer
Bei allem Respekt!
Wie Sie durch Klarheit ganz natürlich Ansehen gewinnen
1. Auflage 2023

Bestellnummern
ISBN 978-3-86980-675-4 (Druckausgabe)
ISBN 978-3-86980-676-1 (E-Book, PDF)
ISBN 978-3-86980-577-8 (E-Book, EPUB)

Direktbezug unter www.BusinessVillage.de/1161.html

Bezugs- und Verlagsanschrift
BusinessVillage GmbH
Reinhäuser Landstraße 22
37083 Göttingen
Telefon: +49 (0)5 51 20 99-1 00
Fax: +49 (0)5 51 20 99-1 05
E-Mail: info@businessvillage.de
Web: www.businessvillage.de

Layout und Satz
Sabine Kempke

Autorenfoto
Sabine Kneidinger, www.kneidinger-photography.at

Druck und Bindung
www.booksfactory.de

Inhalt

Geschlechtergerechte Sprache und Semantik

In diesem Buch möchte ich mit Ihnen, liebe Leserin, lieber Leser, meine Erfahrungen teilen und Ihnen praxisnahe Beispiele vermitteln. Um die Lesbarkeit zu erleichtern, wird gelegentlich nur die weibliche oder männliche Form verwendet. Natürlich sind immer alle Geschlechter angesprochen – mit allem Respekt.

Über die Autorin

Iris Zeppezauer ist Wirtschaftswissenschaftlerin, Autorin und Hochschuldozentin. Seit 2017 führt sie ihre Unternehmensberatung SEKUNDE EINS.

Die ausgewiesene Kommunikations- und Verhaltensexpertin arbeitet mit Persönlichkeiten, die ihre Meinung klar, aber wertschätzend transportieren müssen – auch in unangenehmen Situationen. Iris Zeppezauer war über viele Jahre in leitenden Positionen tätig und bringt aus ihrer Erfahrung heitere Anekdoten und berührende Fallbeispiele, die sie in exklusiven Coachings, Seminaren und Vorträgen zum Leben erweckt.

Mit ihrem Programm wird Iris Zeppezauer von Unternehmen, Entscheidungsträgern und Medien geschätzt. Sie ist Professional Member der German Speakers Association und arbeitet auf Deutsch und Englisch.

Kontakt
E-Mail: iris.zeppezauer@sekundeeins.at
Web: www.sekundeeins.at

Die digitale Playbox, das Downloadangebot des Verlages zum Buch

Sie möchten intensiv an Ihrem natürlichen Ansehen arbeiten, klare Grenzen setzen und das Thema Respekt in Ihrem Umfeld weiterentwickeln? In der digitalen Playbox finden Sie Unterlagen, weiterführende Informationen und Checklisten. Denn Respekt und klare Kommunikation aufzubauen, ist ein schrittweiser Prozess, den Sie gezielt trainieren und etablieren können. Alles beginnt mit einer Selbsteinschätzung und dem Hinterfragen Ihrer Werte. Anschließend gehen Sie in die Umsetzung, arbeiten an Ihrer Rhetorik, Ihrem Auftreten und neuen Standards Ihrer Kommunikation. Nutzen Sie das exklusive Zusatzangebot!

1. Die sieben Todsünden der Kommunikation
2. Die eigenen Werte finden: Arbeitsblatt zur Selbstreflexion
3. Test zur Selbsteinschätzung: Welcher Angst-Typ sind Sie?
4. Rhetorik des Respektes: Schritt-für-Schritt-Anleitung
5. Klare Worte finden: Checkliste für den täglichen Sprachgebrauch
6. Prägnante Statements: Mit der Espresso-Technik auf den Punkt kommen
7. Deutlich sprechen: Übungen zu Aussprache und Stimme
8. Sieben Faktoren für starke persönliche Wirkung
9. Leitfaden für Feedback-Gespräche
10. Respekt trotz Distanz: Tipps für virtuelle Meetings
11. Mehr Wirkung und Ansehen in fünf Tagen: Der exklusive Minikurs
12. Weiterführende Literaturempfehlungen
13. Leseprobe: contra! Angriffe erkennen. Treffend kontern. Wirksam durchsetzen.

Prolog: Einfach respektlos!

Es war Frühjahr, die Kraft der noch flachen Sonnenstrahlen war bereits durch die Fensterscheiben spürbar. Nach draußen gehen? Undenkbar. Eine schwere Grippe hatte mich ins Bett gezwungen, ich konnte nur liegen und dahinsiechen. Ich, die sonst nie krank ist, die stets robust und belastbar ist.

Beruflich auf der Erfolgsspur, hatte ich mehr erreicht, als ich mir je hatte vorstellen können. Ich war schon immer begeisterungsfähig und an vielem interessiert. Das Lernen machte mir nichts aus und so hatte ich mir nicht nur berufliche Erfahrung aufgebaut, sondern auch zwei Hochschulabschlüsse erfolgreich erlangt. Das Unternehmen, für das ich nach meiner Unizeit tätig war, förderte mich stets und übertrug mir spannende Projekte und Führungsaufgaben. Obwohl Leistung ein hoher Wert in der damaligen Organisation war und ich täglich auf neue Herausforderungen stieß, war ich glücklich und hoch motiviert. Mein Netzwerk reichte weit über Firmenkontakte hinaus, ich besuchte viele Veranstaltungen und traf mich mit Geschäftskontakten zu spannenden Gesprächen beim Lunch.

Ich weiß, für viele klingt dieser Lebensentwurf ehrgeizig, noch dazu, wenn man eine Familie hat und auch die Rolle der Mutter ausfüllen will. Dann gilt es, die Zeit gut einzuteilen, um für alle angemessen da zu sein. Bei mir sah das anders aus. Ich wollte meine intellektuellen Fähigkeiten ausleben und war mir gleichzeitig meiner sozialen Bedürfnisse bewusst. Und es funktionierte zunächst hervorragend.

Was sich liest wie aus dem Bilderbuch, bekam aber eines Tages Risse. Zuerst bemerkte ich es nicht. Eine Umstrukturierung im Unternehmen, ein neuer Vorgesetzter, ein externer Berater, der seine Saat auch über meinen Zuständigkeitsbereich ausstreute. Nachdem mein Bereich blendend lief, machte ich mir keine Sorgen. Meine Mitarbeitenden waren zufrieden, das Ergebnis hervorragend. Niemals hätte ich gedacht, dass meine Position durch den Geltungsdrang nur einer anderen Person gefährdet sein könnte. Doch genauso kam es. Ich erinnere mich exakt an den Tag, an dem man mich zu einem sogenannten vertraulichen Gespräch unter vier Augen bat. Mit gemischten Gefühlen erschien ich im Büro meines Chefs. Dieser teilte mir mit nachdrücklich erfreuter Miene mit, dass mein Verantwortungsgebiet vergrößert würde und ich somit ganz neue Perspektiven erhielte. Das klang zwar nach einer positiven Aussicht, doch die Situation – hinter geschlossenen Türen und mit dem Prädikat »vertraulich« – machte mich skeptisch.

Und da kam auch schon die zweite Botschaft. Sie zerstörte, was ich über Jahre aufgebaut hatte. Mein bisheriger Aufgabenbereich sollte einer Kollegin zugeordnet werden, damit es künftig nur mehr eine Ansprechperson für den Vorstand gäbe. Natürlich würde sich gar nichts für mich ändern. Außer, dass ich nicht mehr direkt an den Vorstand berichten würde, sondern an eine zwischengeschaltete Person, die von Beginn an für Spaltung gesorgt hatte. Ihre Abteilung hatte bereits Personal verloren, doch an der Unternehmensspitze nahm man die Verluste hin – die Kollegin hatte bereits wie eine Spinne ihre Fäden an den richtigen Stellen angebracht. Nach und nach erkannte ich, dass es lange vor dieser Entscheidung meines Vorgesetzten schon Interventionen gegeben haben musste. Mir wurde klar, dass ich einen großen blinden Fleck gehabt hatte, denn die Zeichen waren nun untrüglich: Die Kollegin, die mir künftig vorgesetzt werden sollte, griff schon längere Zeit ungefragt auf meine Mitarbeitenden zu, diffamierte sie und rückte die Arbeit meines Teams immer wieder in ein schiefes Licht. Das löste laufend Konflikte aus. Dass es sich hier um eine längerfristig angelegte Strategie handeln könnte, war mir leider nicht in den Sinn gekommen. Ich war einfach naiv.

Nun, am Besprechungstisch mit meinem Vorgesetzten blieb mir nichts anderes, als zu argumentieren und meine Bedenken darzulegen. Ich versuchte zu retten, was zu retten war. Doch die Würfel waren bereits gefallen. Meine Abteilung wurde in das mir feindlich gegenüberstehende Imperium eingegliedert. Von da an kämpfte ich wie eine Löwin, doch ich konnte meine

Mitarbeitenden nun gar nicht mehr vor den Übergriffen ihrer neuen Vorgesetzten schützen. Sie begann, sich in das Tagesgeschäft einzumischen und Druck auszuüben. Sie streute Gerüchte auf höchster Ebene und versuchte, durch unfaires Verhalten und unklare Kommunikation die Leistung meines Teams kleinzumachen. Ich hatte das Gefühl, dass mir die Zügel immer weiter aus der Hand glitten. Je mehr ich versuchte, sie wieder an mich zu reißen, desto mehr Konflikte entstanden. Es war einfach zu spät. Ich hätte viel, viel eher eingreifen müssen. Jetzt wirkte jede Aktion, jedes Argument von meiner Seite wie Rebellion. Natürlich kam es nach einigen Wochen zum Eklat. Ein schwerer Konflikt spaltete unsere Zusammenarbeit. Die ungeliebte Kollegin, die nun auch meine Chefin war und ich hatten jeden Respekt für die Person voreinander verloren. Nichts ging mehr ohne Anfeindungen und laute, harsche Streitgespräche. Ich war mir sicher: Griffe ich nur hart genug an, würde ich sie in die Knie zwingen. Doch sie hatte die stärkere Lobby und spielte dies ihrerseits aus.

Die stetige Respektlosigkeit begann an meiner Psyche zu nagen. Ich versuchte, mich durch fachliche Arbeit abzulenken, um mich nicht mehr mit den persönlichen Schwierigkeiten abgeben zu müssen. Das funktionierte aber natürlich nicht. Die Konflikte rissen nicht ab, ich musste zusehen, wie meine Mitarbeiterinnen und Mitarbeiter an Motivation verloren. Beobachter dieses illustren Treibens sprachen mich im Unternehmen an, fragten, wie es mir und meinem Team in der neuen Konstellation gehen würde – teils aus Sensationslust, teils aus Mitgefühl.

Die nunmehr stets angespannte Situation während der Arbeitszeit machte sich irgendwann auch körperlich bemerkbar. Meine Hände zitterten, ich hatte öfter Magenschmerzen. In Meetings trank ich nun meist nichts mehr, weil ich Angst hatte, jeder könnte das Zittern sehen, wenn ich ein Glas zum Mund führte. Ich fühlte mich antriebslos und schwach. Zeigen wollte ich meinen inneren Zustand natürlich nicht, schließlich war ich meinem Team verpflichtet und wollte die Stimmung der mir anvertrauten Menschen nicht noch schlechter machen. Alles, was von meinem ehemals soliden beruflichen Bauwerk übrig geblieben war, zerfiel schlussendlich zu Asche, als mich in jenem Frühjahr eine Grippe in noch nie dagewesener Härte niederstreckte. Mir war klar: Wenn ich jetzt nichts änderte, bekäme ich ernsthafte gesundheitliche Probleme, von denen ich mich lange nicht erholen würde. Als dann noch mein Telefon klingelte und meine oktroyierte Führungskraft meinen Gesundheitszustand vollkommen ignorierte, mich ohne jegliche Empathie und Rücksicht auf meine Erkrankung mit fachlichen Themen konfrontierte, reichte es mir. Der gegenseitige Respekt war so deutlich auf dem Nullpunkt, dass nicht einmal Platz für die einfachste Form der Höflichkeit als Frage nach dem Befinden war. Ich brach das Gespräch mittendrin ab und schleuderte wutentbrannt das Telefon aus dem Krankenbett. Der gesamte aufgestaute Druck entlud sich, ich ballte die Fäuste und fluchte, was das Zeug hielt. Ich fluchte und wütete nicht nur gegen die ausweglose Situation, sondern vor allem gegen mich selbst. Hätte mich damals jemand gehört – er hätte an meinem Verstand gezweifelt.

Dann war plötzlich Stille in mir – ruhig und so klar wie die frische Frühjahrsluft draußen vor dem Fenster waren meine Gedanken: Was und wer zwang mich eigentlich, das alles mitzuspielen? War es wirklich die Schuld der anderen? Nein! Ich hatte die Freiheit, selbst zu entscheiden. Ich konnte gehen und tun, was immer ich wollte. Es ist viele Jahre her, doch ich erinnere mich, als wäre es gestern gewesen. Noch im Krankenbett nahm ich Papier und Stift zur Hand und entwarf meine Pläne für die Zukunft. Amazon-Gründer Jeff Bezos soll seine Vision von Amazon als weltbeherrschendes Unternehmen auf einer Papierserviette skizziert haben – der Rest ist Geschichte. Alles fängt immer mit einem Traum oder einer Idee an. Und ich wollte mich beruflich für etwas einbringen, das einen Sinn hat. Vor allem: Nie wieder würde ich mich derartiger Respektlosigkeit aussetzen. Mein Credo war und ist es, die Menschen zu achten, das Gute zu suchen und mich selbst und andere mit Respekt zu behandeln. »Am Anfang war der Sinn, und siehe, der Sinn war die Tat«, sagte einst der berühmte Neurologe, Psychiater und Begründer der Logotherapie Viktor Frankl, der über viele Jahre dem Grauen der NS-Herrschaft ausgesetzt war.

An diesem Tag, in meinem Bett liegend, die Strahlen der Frühjahrssonne im Gesicht, legte ich den Grundstein für einen neuen beruflichen Lebensabschnitt. Ich begann, meine Selbstständigkeit zu planen: Meine Erfahrungen sollten anderen zum Vorteil gereichen, sie sollten Menschen an ihre Ziele bringen und ihr Leben ein Stück besser machen. Außerdem wollte ich genauer herausfinden, was Menschen antreibt, nach Geltung und Ansehen zu suchen. Meine berufliche Geschichte, die mich von der hoch motivierten Leistungsträgerin zur kränklichen Selbstzweiflerin gemacht hatte, sollte lückenlos aufgearbeitet werden. Viel zu einfach wäre es, alles auf falsche Entscheidungen und unfaire Kollegen und Vorgesetzte zu schieben. Mir war vollkommen klar, dass auch ich einen Beitrag geleistet haben musste.

Als ich wieder gesund war, machte ich reinen Tisch mit meiner Kollegin, wir sprachen uns aus und stellten unsere Zusammenarbeit auf ein neues Fundament. Ein zeitlich begrenztes, wohlgemerkt. Denn ich hatte bereits alle Beteiligten in Kenntnis über meine neuen Pläne gesetzt. Was daraus geworden ist, ist die Geschichte des Beratungsunternehmens SEKUNDE EINS, das seither in seiner Mission »Exzellente Kommunikation im Business« hervorragend wächst und gedeiht.

Liebe Leserin, lieber Leser, es lohnt sich auch für Sie, einen Blick auf Ihren Status quo zu werfen. Wo stehen Sie beruflich, privat, persönlich? Wo möchten Sie gerne stehen? Respekt und Ansehen sind für alle vorhanden. Jeder kann sich Respekt und Ansehen erarbeiten und sich seinen Anteil sichern. Warten Sie nicht darauf, bis andere Sie fair behandeln, jammern Sie nicht über Ungerechtigkeit im Job, unverschämte Kunden und ein Umfeld, das Sie kleinmacht oder ausnutzt. Suchen Sie bitte keine Ausreden, warum Sie in bestimmten Belangen nicht respektiert werden. In neun von zehn Fällen liegt es an Ihnen selbst. Nur in einem von zehn Fällen ist wirklich nichts zu retten, dann haben Sie es mit Narzissten, Psychopathen oder unüberwindbaren Machtstrukturen zu tun. Doch wie gesagt, dass ist die Ausnahme und eben nicht die Regel, auch wenn es gerne anders gesehen wird.

Bevor Sie mich nun für überheblich halten und wutentbrannt dieses Buch zur Seite schleudern – riskieren Sie einen Blick! Sie werden sehen: Sie haben so viel mehr in der Hand, als Sie bisher wahrgenommen haben. Enthüllen wir gemeinsam Rang- und Machtspiele, bewerten wir Situationen von Dominanz und Unterordnung, machen wir uns ein Bild von echtem Respekt. Und dann entscheiden Sie, welche Werte für Sie gelten, wie Sie Klarheit entwickeln und nicht nur selbst Respekt gewinnen, sondern auch anderen Respekt schenken können. Das ist wahre Größe.

Ihre

Teil I –
Warum es ohne Respekt nicht geht

1.
Das Streben nach Geltung:
Teil unserer DNA

» *In einer Hierarchie neigt jeder Beschäftigte dazu, bis zu seiner Stufe der Unfähigkeit aufzusteigen.*

Laurence J. Peter (1919–1990), Psychologe und Autor «

»Etwas schneller bitte! Und zieh nicht so ein Gesicht. Davon wirst du nur hässlich!«, herrscht der alte Zahnarzt die blutjunge, hübsche Assistentin an. Die Frau zuckt zusammen, versucht, sich den verbalen Schlag ins Gesicht nicht anmerken zu lassen. Ich traue meinen Ohren nicht. Peinlich berührt versuche ich, die beiden nicht anzusehen – was in meiner Lage im Behandlungsstuhl praktisch unmöglich ist. Die junge Frau siezt den Arzt. Er duzt sie, und das noch auf äußerst respektlose Weise.

Als der cholerische Zahnarzt kurz aus dem Raum stapft, brennt in mir die Frage an die Assistentin: »Warum lassen Sie sich als ausgebildete Fachkraft diesen Umgang gefallen?« Nein, besser: »Warum lassen Sie sich überhaupt diesen respektlosen, erniedrigenden Umgang gefallen?« Doch so weit kommt es gar nicht, denn schon lässt die Assistentin resigniert die Schultern hängen und blickt mich mit traurigen Augen an. »Er hat es auch nicht immer leicht mit uns«, rechtfertigt die junge Frau auch noch das demütigende Verhalten des Alten. Ich bin sprachlos. Ich möchte vom Behandlungsstuhl aufspringen, die Frau an den Schultern packen, sie aufrichten, ihr zusprechen: »Nein! Lassen Sie das nicht durchgehen! Holen Sie sich den Respekt, der Ihnen zusteht.« Natürlich erlaubt die Situation solch ein Handeln nicht – es steht mir als Patientin nicht zu. Schließlich wurde ich nicht als Coach oder Beraterin in die Praxis gebeten, sondern absolvierte nur den obligatorischen Kontrolltermin für meine Zähne.

Dennoch ging mir dieses Ereignis lange nicht aus dem Kopf. In meiner täglichen Arbeit mit Menschen, die ihre Rhetorik, ihren Auftritt, ihre Wirkung steigern wollen, trainieren wir gezielt kritische Situationen und Angriffe. Doch wenn ich privat Zeugin derartiger Dominanz- und Machtszenen werde, bekomme ich noch immer Gänsehaut. Mein souveränes Beratungs-Ich tritt in den Hintergrund und macht den Platz frei für das sensible Jugend-Ich, das sofort für aufgewärmte Erinnerungen sorgt. Damals wollte ich mir den Respekt meiner Lehrkräfte und später meiner Vorgesetzten ausschließlich durch

Fleiß, Wissen und Kompetenz erarbeiten. Absichtlich hat mir niemand diesen Druck eingepflanzt, schon gar nicht meine Eltern. Ich durfte mit bedingungsloser Liebe und ohne übertriebenen Leistungsdruck aufwachsen.

Doch ich erkannte früh, dass ich mich abheben konnte und Vorteile genoss, die anderen nicht zuteilwurden, wenn ich mich dahinterklemmte und an meinen Stärken arbeitete. Ich begann früh, Violine zu spielen und meine Lehrerin lobte mich über die Maßen, wenn ich fleißig war. Ihrer Definition nach hieß das: Üben, auswendig lernen, üben, üben, üben. Sie förderte mich und ich durfte schon bald in ein Orchester eintreten, musikalische Erlebniswochen mit anderen Jugendlichen verbringen und meine Leidenschaft für Musik leben. Ich erntete Respekt für meine Leistungen und das spornte mich an. Dieses Verhaltensmuster prägte auch meine Schulzeit und Prüfungssituationen. Leider nicht nur im positiven Sinne, denn dadurch setzte ich mich ständig unter Druck. Nur keine Blöße zeigen, zu groß war die Angst vor einer Blamage, wenn erwartete Leistungen nicht erreicht werden würden. Und so kam es, dass ich in bestimmten Prüfungssituationen vollkommen neben mir stand und das Geschehen wie aus der Vogelperspektive sah. Wie ein Film liefen die Ereignisse dann an mir vorüber, Hauptsache positiv absolvieren und keine Blamage einfahren. Ich erinnere mich gut an meine Führerscheinprüfung. Unbedingt wollte ich es auf den ersten Anlauf schaffen, alles andere wäre Versagen gewesen. Deshalb war ich so nervös, dass ich während des Prüfungsgespräches das Gefühl hatte, eine Hand läge auf meiner Schulter. Es war so real, dass ich mich umdrehen musste – und sah, dass niemand an meiner Seite stand.

Wie stark ich konditioniert war, wurde mir erst klar, als mich eine Freundin aus meinem Streben nach Anerkennung riss: »Du bist eine Angeberin!«, warf sie mir in einem Streit aufgebracht an den Kopf. »Stimmt nicht!«, fuhr ich sie beleidigt an. Doch im Herzen wusste ich: Sie hatte recht. Ich wollte durch Wissen und Erfolg glänzen und mich hervorheben. Kurz gesagt: Ich wollte

Respekt und Ansehen, und meine Freundin hatte mich durchschaut. Ich fühlte mich derart ertappt, dass ich nach diesem Erlebnis anfing zu überlegen, weshalb mir das so wichtig war. Menschen, die Wissen und Kompetenz haben, beeindruckten mich schon immer. Ich sah zu ihnen auf, empfand Respekt. Außer, sie versuchten, ihr Wissen zur Schau zu stellen, sich über andere zu erheben oder jemanden lächerlich zu machen. Dann kippte der Respekt augenblicklich und verwandelte sich in Abneigung. Wer mag schließlich schon einen Prahlhans oder eine Klugeliese?

Streben nach Ansehen: Ja, aber bitte unauffällig!

Es muss also ganz natürlich wirken, das war mir bald klar – genauso wie die Tatsache, dass es alle tun: Feilschen um Geltung, Ansehen und Bewunderung. Von den Kleinsten angefangen (Wie kriege ich Mama dazu, dass sie mir etwas Süßes gibt?) über Jugendliche (Seht alle her, wie cool ich bin!) bis hin zu Erwachsenen (Ich habe was, das du nicht hast!) streben Menschen danach, Einfluss zu nehmen. Sie versuchen so auch, ihren Willen durchzusetzen – als Kind ganz offen, als Erwachsene meist sehr bedeckt. Gesellschaftlich schickt es sich nicht, dieses Streben zu zeigen. Da es aber dennoch vorhanden ist, führt es zu den interessantesten Auswüchsen.

Wenn Menschen zusammenkommen, fallen bereits in den ersten Sekunden weitreichende Entscheidungen, wie sich ihre Kommunikation und ihr Umgang miteinander entwickeln. Es wird beobachtet, dargestellt und angepriesen: Wem hört man zu? Wessen Meinung gilt? Wen lässt man außen vor? Bevor auch nur ein inhaltliches Wort gesprochen wird, ist bereits die Rangordnung festgelegt. In diesem Verhalten sind wir der Tierwelt gar nicht so unähnlich: Auch in den animalischen Sozialverbänden werden Status und Rang stets überprüft und ausgefochten. Wer sich in der Natur nicht behauptet, zieht den Kürzeren.

»Jetzt übertreiben Sie mal nicht. Wir sind doch nicht auf dem Hühnerhof!«, höre ich schon die Kritiker rufen. Das stimmt, denn Menschen sind noch viel differenzierter in ihrem Streben nach Respekt als Tiere es je könnten. Sie arbeiten mit allen Mitteln, die zur Verfügung stehen: Mit ihrer Körpersprache, ihrem Gesichtsausdruck, mit ihrer Stimme, mit Intellekt, mit gemeinsam geteilten Gütern wie Zeit und Raum, mit Statussymbolen und mit bewusst gewählten Worten. Menschen sind überdies im Gegensatz zu Tieren fähig, über den Augenblick hinaus strategisch zu handeln. Sie können Umstände inszenieren, Massen manipulieren und sich perfide an die Macht bringen. Im Großen wie im Kleinen, auf der Bühne der Weltpolitik bis hin zur eigenen Familie – das Ringen um Respekt und Geltung erstreckt sich über alle Bereiche unseres Zusammenlebens. Wer sich ihm entziehen möchte, müsste vollkommen isoliert leben, abgekapselt von der Gesellschaft. Denn sobald auch nur ein einziges anderes soziales Wesen ins Spiel kommt, wird unbewusst eine Kette von Fragen ausgelöst: Wer ist stärker? Verdienst du meinen Respekt? Gehorchen wir einander? Wer führt? Wer bestimmt die Situation und hat den Ball des Handelns in der Hand. Selbst in der Mensch-Tier-Beziehung findet dieses unbewusste Abwiegen statt. Ein Tier fühlt instinktiv, wer führt. Und tut es nicht ein Mensch, so wird es diese Aufgabe selbst übernehmen. Was wir Menschen dann – ganz menschlich betrachtet – beim Tier als boshaft oder bockig einordnen, resultiert aus einer unklaren Definition des Respektverhältnisses.

Wir versuchen also immer, Geltung zu erlangen, doch wir müssen es unauffällig tun, denn sonst schlägt die Wirkung in Abneigung oder auch Mitleid um. »Seht nur, wie verzweifelt er versucht, Respekt zu bekommen!«, wird dann hinter vorgehaltener Hand getuschelt. Außer Sie sind Autokrat oder einer der narzisstischen Herrscher unserer Weltbühne – dann haben Sie Respekt durch Angst aufgebaut und so lange mit Gewalt Menschen unterworfen, bis Sie scheinbar niemand mehr aufhalten kann. Das Ringen um Ansehen fasziniert, es zieht an und stößt ab zugleich. Es ist spannend, das Treiben zu beobachten, die Rollen und Spielarten zu analysieren und andere zu beurteilen. Doch wo in diesem Treiben finden Sie sich wieder? Welchen Wert, welchen Status haben Sie in diesem Gemenge? Respektiert man Sie aus Mitleid oder Vorsicht? Oder respektiert man Sie ganz einfach, weil Sie Charisma haben und hinter Ihren Werten stehen? Welche Werte sind das eigentlich?

Die meisten Menschen wünschen sich folgende Konstellation: ohne Anstrengung respektiert zu werden, Ansehen an ihrem Arbeitsplatz, bei ihren Kunden, im Freundeskreis und der Familie zu genießen. Die Ansprüche sind unterschiedlich: Während die einen ruhig und fleißig ihre Aufgaben erfüllen möchten, zieht es die anderen vor den Vorhang – sie wollen mitmischen, gestalten, aufbauen. Im Herzen geht es uns darum, die eigene Bestimmung zu finden, das zu machen, was wir als sinnvoll und richtig erachten, und dafür von unserem Umfeld respektiert zu werden. Wir wünschen es uns so sehr, dass uns beinahe jedes Mittel recht ist. Wer glaubt, harmonische, stets nette Menschen streben nicht nach Geltung, täuscht sich gehörig. Das Ziel ist dasselbe, die Mittel sind andere. Wie können wir also natürlich Respekt gewinnen, ohne die eigenen Werte zu verraten, ohne uns zu zerreiben oder als rücksichtlos zu gelten? Der Schlüssel liegt – Sie werden es sich bereits denken – in der Arbeit an uns selbst. Er liegt im Hinterfragen der eigenen Werte und Antreiber und einem unverhüllten Blick in den Spiegel.

Mich hat damals die Feststellung meiner Freundin, ich sei eine Angeberin, heftig aufgerüttelt. »Das will ich niemals sein!«, nahm ich mir fest vor. Klare Werte haben, den eigenen Weg verfolgen, selbstbewusst meinen Stil leben – ja gerne. Aber nicht etwas tun, das meine eigenen Werte verrät, nur damit andere zu mir aufschauen. Das war und ist mir zutiefst zuwider. Heute erlebe ich in meinem Beruf täglich, dass das Streben nach Geltung und Ansehen in unserer DNA liegt. Wir brauchen es, um ein zufriedenes Leben zu führen – manche sehen gar Glück darin. Dieses Streben trieb die intellektuelle und technische Entwicklung der Gesellschaft voran, war und ist Nährboden für Konflikte und Krieg, für Lust und Begierde, für Karriere und Wohlstand. Wird es zu offensichtlich, kann es mitunter peinlich werden. Wird es unterdrückt, machen wir uns unscheinbar und haben keine Wirkung mehr. Das wirkliche Geheimnis und die wahre Kraft liegt in der Balance, wie wir im Laufe des Buches noch sehen werden.

Zurück in die Zahnarztpraxis: Wer einen Raum betritt, spürt sofort, wer das Sagen hat. Nun ist klar, im ärztlichen Bereich muss es eine Unterscheidung geben. Hier stehen ärztliches Können und Kompetenz an erster Stelle – und die Assistenz an zweiter. Doch ist es wirklich so? Viele Handgriffe und Abläufe würden ohne Assistenz nicht funktionieren. Darum stellt sich die Frage: Verdienen nicht alle den gleichen Respekt? Geht es überhaupt um Respekt oder vielleicht auch um das Ablassen von Frust in Form von Machtausübung? Wie kann sich die Assistentin Respekt aufbauen, ohne ihrem übellaunigen Boss die Augen auszukratzen? Fakt ist: Egal, welche Hintergründe oder Ursachen sein Verhalten hat – die Verhältnisse müssen geklärt werden. Und diese Aufgaben wird kaum der cholerische Boss übernehmen. Für ihn ist sein verletzender Umgang offenbar Usus. Doch die gute Nachricht ist: Respekt ist für alle da. Die Verteilung ist nicht in Stein gemeißelt. Die Assistentin hat es in der Hand, sich Ansehen aufzubauen. Mit Respekt gegenüber sich selbst und den eigenen Werten, mit ihrem ganz persönlichen Verhalten und vor allem einer klaren Kommunikation.

Erfolg macht sexy: Verhaltensbiologie

Ich arbeite täglich mit Persönlichkeiten in Unternehmen, die Herausforderungen in ihrer Kommunikation haben: mitreißende Reden halten, wirksam und empathisch führen, hervorragend präsentieren. Sie alle wollen neben ihren fachlichen Zielen auch ein persönliches Ziel erreichen: Ansehen und Respekt. Je nach Verhaltenstypus genügt den einen, Anerkennung und Zustimmung zu erhalten. Andere jedoch wollen Macht und Einfluss und zwar in unterschiedlichsten Skalierungsgraden. Doch woher kommt dieser Wunsch? Sind wir so sozialisiert oder liegt er in unseren Genen?

Die Verhaltensbiologie beschäftigt sich mit Rangordnungen bei Menschen und Tieren. Dabei geht es um eine soziale Hierarchie, in der Dominanz und Unterordnung festgelegt werden. Je nachdem, ob es sich um eine Dominanz- oder eine Geltungshierarchie handelt, wird der Rang durch körperliche Überlegenheit oder durch andere Mittel wie ausgrenzen, kritisieren, geben von Ratschlägen oder hinwegsetzen über Anordnungen ausgefochten. Ethologische Forschungen zeigen, dass Rangordnungen für das Sichern des Überlebens etabliert werden. Sie dienen zum Beispiel der Versorgung mit Nahrung, der Fortpflanzung und der Sicherheit. Bei zahlreichen gruppenlebenden Säugetieren, Vögeln, Reptilien und Fischen, ja sogar bei manchen Insekten, wurde Rangverhalten nachgewiesen. Die ranghöheren Lebewesen genießen Ansehen bei den rangniedrigeren. Das äußert sich nicht nur bei der Reihenfolge etwa beim Zugang zum Futter oder Schlafplatz, sondern auch durch eine deutliche Körpersprache. Bei Wölfen etwa bewegt sich das ranghöhere Tier im Rudel aufrecht und stellt den Schwanz auf. Das rangniedrigere Tier zieht den Schwanz ein und nimmt eine geduckte Haltung ein.

In diesen Gruppenordnungen profitieren der ethologischen Forschung zufolge nicht nur die ranghohen, sondern auch die rangniedrigen Lebewesen. So genießen die Ranghohen zwar Rechte, etwa in der Fortpflanzung oder beim Zugang zu Nahrung. Sie haben aber auch Pflichten in der Führung der Gruppe, im Schlichten von Streit, bei der Nahrungssuche oder der Verteidigung gegen Angriffe. Von diesen Pflichten sind die Rangniedrigen entbunden. Der österreichische Zoologe und Medizin-Nobelpreisträger Konrad Lorenz forschte in den 1970er-Jahren intensiv an Graugänsen und fand heraus, dass bestimmte Instinkte angeboren sind und eine Prägung zu einem bestimmten Verhalten sofort nach der Geburt eintritt. Dennoch kann man durch Lernen Verhalten beeinflussen und verändern. Die Denkrichtung der Verhaltensökologie geht wiederum davon aus, dass Lebewesen im Konkurrieren um »monopolisierbare Ressourcen« (zum Beispiel Nahrung oder Fortpflanzung) eine Rangordnung entwickeln und eher aus opportunistischen Gründen handeln. So akzeptieren rangniedrigere Lebewesen ihren Status nur, weil sie entweder schwächer sind oder hoffen, irgendwann aufzusteigen.

Innerhalb eines jahrzehntelangen wissenschaftlichen Diskurses darüber, ob der Drang nach Geltung und Ansehen nun erblich bedingt oder durch äußere Umstände beeinflusst wird, scheint man sich in einem Punkt einig zu sein: Erfolg macht sexy. Das heißt, der Zusammenhang zwischen einem hohen sozialen Status und dem Fortpflanzungserfolg wurde mehrfach empirisch nachgewiesen. Erst 2010 wurde eine Studie des Max-Planck-Institutes veröffentlicht, die an Bonobo-Affen durchgeführt wurde. Die Schlüsselerkenntnisse: Je höher das Männchen in der sozialen Hierarchie der Affen steht, desto erfolgreicher kann es sich mit Weibchen paaren. Steht ein Männchen nicht ganz so hoch in der Hierarchie, hat es dennoch gute Chancen: Es holt sich Unterstützung von Mutti. Die Bonobo-Frauen haben einen hohen Dominanzstatus und unterstützen so den Fortpflanzungserfolg ihrer Söhne. Das Motiv der Affenmuttis scheint die Aussicht auf Enkelkinder zu sein.

Spannend ist, wie sehr unsere nächsten Verwandten aus der Tierwelt uns ähneln. Wenn wir uns in den Society-Magazinen oder im Alltag umsehen, stellen wir oft fest: Bei Männern scheinen Erfolg und Geltung ein Anziehungskriterium zu sein. Anders lässt sich nicht erklären, warum der Altersunterschied in Beziehungen oft frappierend ist. Bei Frauen kann offenbar auch ein niedrigerer Status anziehend wirken, wenn er mit besonderen Attributen kombiniert ist, etwa Schönheit oder Jugend. Ohne der Zunft der Verhaltensbiologie anzugehören, zeigt sich bei einem Blick auf menschliche Gesellschaften deutlich: Wir suchen nach Geltung, um auf andere Menschen attraktiv zu wirken. Wir suchen offenbar auch nach Geltung, um Anerkennung und Respekt zu erhalten.

Bei allem Respekt: Der neue Chef

Saskia und Ines sind ein Dream-Team. Seit fast zehn Jahren sorgen sie im Officemanagement dafür, dass der Laden läuft. Was wäre eine Anwaltskanzlei ohne die viel zitierten »Perlen« – loyale Persönlichkeiten, die als Schnittstelle zwischen Klienten, Personal und Anwälten nicht nur fachlich, sondern auch auf der menschlichen Ebene umsichtig und professionell agieren. Die beiden haben wesentlich beigetragen, dass die Kanzlei Müller & Partner heute ein solides Image hat und immer weiterwächst.

Mit Spannung hat das Büroteam den Start des neuen Partners erwartet. Der neue Hoffnungsträger wurde von einer anderen Kanzlei abgeworben. Er soll neben seinen fachlichen Aufgaben auch für das Personal-, Marketing- und Officemanagement zuständig sein. Heute ist der große Tag: Die Chefin der Kanzlei stellt Saskia und Ines ihren neuen Vorgesetzten vor. Erhobenen Hauptes und mit prüfendem Blick streckt Friedrich ihnen die Hand entgegen. »Auf gute Zusammenarbeit«, sagt er steif und mit einem aufgesetzten Lächeln. »Wie ist der denn drauf?«, wundert sich Ines, als Friedrich das Büro verlassen hat. »Ich weiß es nicht, aber er wirkt echt überheblich«, stellt Saskia fest.

Der erste Eindruck wird in den folgenden Wochen bestätigt. Friedrich scheint in erster Linie damit beschäftigt, seinen Status zu untermauern. Statt freundlich Small Talk zu betreiben, erzählt er ausschließlich von sich, seiner langjährigen Erfahrung, seinen Referenzen und weiteren Glanzstücken seiner brillanten Karriere. In der Zusammenarbeit will er stets umfassend informiert sein – Saskia und Ines müssen ihn über alles auf dem Laufenden halten, jede verfügbare Minute mit ihm abstimmen. Bald bleibt Arbeit liegen, da sie nun einen hohen Aufwand für die täglichen Informationswünsche und Abstimmungstermine mit Friedrich haben. Dieser hält sich zudem mit Ratschlägen und Best Practices aus seiner schillernden Vergangenheit gegenüber den erfahrenen Rechtsanwaltsgehilfinnen nicht zurück. Laufend gibt er seinen professionellen Officemanagerinnen das Gefühl, sie arbeiten ineffizient.

Nach einigen Wochen ist die Stimmung dann am Gefrierpunkt. Saskia und Ines machen Dienst nach Vorschrift – und die Vorschriften sind streng geworden, seit Friedrich seinen Status behauptet. Als er im Teammeeting die beiden dann noch oberlehrerhaft ermahnt, dass er etwas mehr Motivation erwarte, schlägt der bisher entgegengebrachte professionelle Respekt um – und zwar in pure Abneigung.

Wer kennt sie nicht? Menschen, die permanent um Anerkennung heischen und andere, die von Natur aus Autorität besitzen, aber gleichzeitig höflich und sympathisch sind. Bei Letzteren haben wir das Gefühl, sie wissen, was sie wollen, sie sind sich ihrer Sache sicher. Dennoch müssen sie das nicht in alle Welt hinausposaunen. Mit diesem Typ Mensch arbeiten wir gerne zusammen, wir lassen uns in der Regel auch von ihm führen. Er hat einen Blick für sein Umfeld und bezieht seine Mitmenschen ein. Permanente Kontrolle und Misstrauen sind ihm zuwider – er vertraut auf das eigenständige Denken und Handeln seines Teams. Gibt es Konflikte, zaudert er nicht und sagt klar seine Meinung. Dieser Typ versteht es, hart in der Sache und weich zum Menschen zu sein. Er hat es nicht nötig, durch sein Auftreten und seine Hochglanzgeschichten ständig seinen Status unter Beweis zu stellen.

Sein Gegenstück ist eben jener Typ Mensch, der permanent Anerkennung sucht. Er lässt keine Gelegenheit aus, sich selbst besser als andere darzustellen. Seine Kreativität dazu scheint unbegrenzt: Vom frisierten Lebenslauf über protzige Statussymbole bis zum gezielten Streuen von Gerüchten spielt er auf der umfangreichen Klaviatur der Geltungssucht. Er gibt ungefragt Ratschläge und weiß alles besser. Er macht andere klein und ringt sich ein Kompliment nur dann ab, wenn es ihm selbst zum Vorteil gereicht. Seinen eigenen Vorgesetzten bringt er höchsten Respekt entgegen und kriecht vor ihnen, seine Untergebenen tritt er mit Füßen. Dieser Arbeits- und Führungsstil lässt ihn unberechenbar wirken, sein Umfeld behandelt ihn entweder mit Vorsicht, Geringschätzung oder Mitleid – je nachdem, wie sehr es von ihm abhängig ist. Indirekt spürt dieser Typ Mensch das. Deshalb drückt er noch mehr auf die Tube. Irgendwann muss sich das gewünschte Ansehen doch einstellen!

Im beruflichen Alltag erkennt man oft lange nicht, welchen Schaden zwanghafte Geltungssucht anrichten kann. Wertvolle Mitarbeitende verlieren ihre Motivation oder verlassen das Unternehmen, Kunden wenden sich ab. Interessanterweise ist das häufig noch kein Grund, die Wurzel des Übels – also jene geltungssüchtige Person – zu entfernen. Vielmehr erleben wir, wie sie versetzt wird, oft sogar eine Stufe höher, unter dem Motto: »Dort kann er weniger Schaden anrichten.« Der US-kanadische Lehrer, Psychologe und Professor Laurence J. Peter stellte dieses Phänomen schon in den 1960er-Jahren fest: »In einer Hierarchie neigt jeder Beschäftigte dazu, bis zu seiner Stufe der Unfähigkeit aufzusteigen.« Diese Erkenntnis ging als Peter-Prinzip in die Geschichte der Managementliteratur ein. Demnach suchen sich Menschen häufig Anforderungen, denen sie nicht gewachsen sind. Bis man das jedoch erkennt, haben sie bereits Fuß gefasst, und es ist unbequem oder nur schwer möglich, sie wieder loszuwerden. Versetzen funktioniert nur bis zu einem gewissen Grad, schließlich soll der Mitarbeiter ja nicht weiteren Schaden anrichten. Also erschafft man entweder eine neue Stelle, um ihn »auszulagern«, oder man befördert ihn. Damit scheint das Problem erledigt. Die geplagten Untergebenen sind ihn los und im neuen Job hat er wieder andere Menschen und Aufgaben, mit denen es bestimmt besser laufen wird. Dieser Prozess setzt sich so lange fort, bis die Person auf der Stufe ihrer völligen Unfähigkeit angelangt ist. Dann wird sie auch nicht mehr weiterbefördert und verbleibt dort bis ans Ende der beruflichen Laufbahn. Wer das amüsante Büchlein »Das Peter-Prinzip« liest, wird viele Déjà-vu-Momente erleben.

Nun scheint klar, welchem Typus Friedrich aus unserem Beispiel oben angehört. Doch was tun? Sollen Saskia und Ines ihm einfach freien Lauf lassen und sich ihrem Schicksal ergeben? Damit würden sie ihre Motivation und

Freude am Job aufgeben und in absehbarer Zeit entweder resignieren oder das Unternehmen verlassen. Eine Option ist, die Chefin der Kanzlei einzubeziehen und ihr das Problem auseinanderzusetzen. Die Aussicht auf Verständnis ist in solchen Fällen meist schlecht. Wenn der Laden läuft, ist auch die Bereitschaft der obersten Führung, etwas zu verändern, niedrig. In der Regel sind die Menschen in ihren Arbeitsbereichen sehr loyal, das heißt, sie versuchen über einen gewissen Zeitraum, die Missgeschicke oder Führungsfehler eines Vorgesetzten auszugleichen. In Friedrichs Fall jedoch hat dieser durch sein Verhalten dafür gesorgt, dass er Respekt verliert statt gewinnt. Die Wahrscheinlichkeit, dass er sein Verhalten ändern wird, ist ebenfalls dürftig. Nachdem er sich die Missgunst seiner Mitarbeiterinnen eingehandelt hat, wird er künftig den Ton verschärfen oder mit Repressalien arbeiten müssen, um eine erwartete Leistung zu erhalten. Die Aussage, er erwarte mehr Motivation, ist ohnehin aus psychologischer Sicht äußerst bedenklich. Motivation auf Kommando? Es gibt hinlänglich wissenschaftliche Erkenntnisse, dass das ein Trugschluss ist. Der Appell »Sei motiviert!« ist ungefähr genauso wirkungsvoll wie »Sei lustig!« oder »Sei spontan!« – nämlich gar nicht.

So viel ist sicher: Wenn Saskia und Ines das Heft nicht selbst in die Hand nehmen, wird sich nichts zum Positiven ändern. Verharren sie tatenlos, führt das mit großer Wahrscheinlichkeit mittelfristig zur Kündigung – erst innerlich, dann in die Tat umgesetzt.

Die beiden müssen das Ungleichgewicht zwischen Respekt und Sympathie in Angriff nehmen, und zwar so schnell wie möglich. Das heißt: Einen Gesprächstermin anberaumen, Fakten ohne Schönreden auf den Tisch legen, eine gemeinsame Lösung suchen. Oft ist allein das Fordern eines Termines seitens der Mitarbeitenden bereits ein Schritt in Richtung Respektausgleich. Führungskräfte von Friedrichs Naturell sind meist überrascht und geben sich auch im Gespräch so. Sie versuchen, zu bagatellisieren und die vorgebrachten Punkte als übertrieben darzustellen. Im Herzen ist ihnen jedoch klar: So einfach wird das in Zukunft nicht mehr gehen. Und diese Klarstellung hat Auswirkung auf das eigene Verhalten. Eine Grenze anzeigen, ist oftmals schon sehr wirkungsvoll. Weiterer Maßnahmen bedarf es dann in der Folge oft gar nicht mehr.

Respekt als Weg zur Selbstverwirklichung

Nun wissen wir: Ansehen und Geltung brauchen wir als soziale Lebewesen, um unsere Existenz zu sichern. Wir haben diesen Drang schon als kleine Kinder in uns, versuchen, die Aufmerksamkeit der Eltern auf uns zu ziehen. Das ist lebensnotwendig, denn als Baby können wir uns nicht selbst versorgen. Später versuchen wir nicht nur, Aufmerksamkeit zu erlangen, sondern auch, unseren Willen durchzusetzen. Als mein Sohn im Kleinkindalter war, hat er brillante Strategien entwickelt, um zu bekommen, was er wollte. Er war nie der Typ »Je lauter ich brülle, desto mehr bekomme ich«. Vielmehr war er ein Sonnenschein und ließ gekonnt seinen Charme spielen. Er machte Sachen, die uns Eltern zum Lachen brachten – um kurz darauf ganz nebenbei zu fragen, ob er noch eine kleine Süßigkeit haben könne. Er überraschte mich durch kluge Wortwahl und lustige Metaphern. Irgendwie muss er gespürt haben, dass ich darauf besonders anspringe und er damit meinen Respekt gewinnt. Auf diese Weise konnte er mich ganz einfach um den Finger wickeln. Das macht der Gute übrigens auch heute als junger Erwachsener noch so. Und ich werde immer noch schwach.

Der US-amerikanische Psychologe Abraham Maslow hat bereits in den 1940er-Jahren in seiner Arbeit zur später berühmten Bedürfnishierarchie festgestellt, dass den Menschen ganz bestimmte Faktoren antreiben – aber nur, solange sie nicht gedeckt sind. An der Basis stehen die Grundbedürfnisse wie Atemluft, Wasser, Nahrung und ein Dach über dem Kopf. Sind diese Faktoren nicht vorhanden, streben wir mit aller Kraft danach. Sind sie ausreichend vorhanden, widmen wir uns der nächsten Stufe – unserer Sicherheit. Dazu zählen die materielle Grundsicherung, zum Beispiel ein Arbeitsplatz, und die körperliche und seelische Sicherheit, etwa ein sicherer Aufenthaltsort und Gesundheit. Sind diese Bedürfnisse gedeckt, taucht die nächste Ebene auf: die sozialen Bedürfnisse. Hier wird es für uns interessant, denn zu den sozialen Bedürfnissen zählen neben Familie, Freunden, Austausch, Kommunikation, Liebe und Intimität auch der Wunsch nach Gruppenzugehörigkeit, nach einem Platz in der sozialen Gruppe. Wir wollen wahrgenommen und Teil der Gesellschaft sein. Ist dieser Umstand gegeben, tun sich weitere Bedürfnisse auf, die bereits auf dem nächsten Level liegen: die Individualbedürfnisse. Maslow zählt dazu Vertrauen, Wertschätzung, Erfolg, Freiheit und Unabhängigkeit. Er unterscheidet dabei zwischen jenen Wünschen, an denen wir selbst arbeiten können, zum Beispiel mentale und körperliche Stärke, Erfolg, Unabhängigkeit – und jenen Wünschen, die wir nur durch Zutun anderer erfüllen können: Ansehen, Prestige, Wertschätzung, Achtung und Wichtigkeit. Wir sehen also, in dieser Stufe manifestiert sich der Wunsch nach Ansehen. Je nach Verhaltenstypus arbeitet jeder Mensch auf seine Art und Weise an dessen Erfüllung. Erst dann nämlich kann die oberste Stufe der Bedürfnishierarchie erreicht werden – der Wunsch nach Selbstverwirklichung. Hier steht die Freiheit, die eigene berufliche Tätigkeit, das Umfeld, die Beziehungen und den Lebensstil selbst wählen zu können. Ein hohes Ziel, auf das wir demnach als Menschen – manche bewusst, manche unbewusst – hinarbeiten.

Der Wunsch nach Ansehen und Geltung muss also in uns liegen, andernfalls würden wir die Stufe der Selbstverwirklichung nie erreichen. Das Paradoxe daran: Obwohl wir alle nach Ansehen streben, schickt es sich nicht, dieses Streben zu offen zu zeigen. Dennoch bringen wir es in verschiedenen Weisen zum Ausdruck: körperlich, sprachlich oder symbolisch. Dazu mehr in den folgenden Kapiteln. Hier reicht es, sich fürs Erste klarzumachen: Wir brauchen Respekt, um unsere Ziele zu erreichen. Wir brauchen Ansehen, um unsere Position in einem sozialen Gefüge zu definieren. Jeder Mensch versucht, das auf seine Art zu erreichen – ohne Ausnahme. Auch Sie, liebe Leserin, lieber Leser, und ich bilden keine Ausnahme. Spannend wird nur: Welcher Typ sind Sie?

KLARTEXT

- **Das Streben nach Geltung und Respekt wohnt uns Menschen inne. Wir brauchen es, um unseren Platz in der Gesellschaft zu finden und zu definieren.**
- **Manche haben allerdings einen erhöhten Geltungsdrang, der auf Kosten anderer geht. Sie nehmen sich ungefragt Zeit, Raum und Aufmerksamkeit, um ihre Fähigkeiten besonders glänzend darzustellen.**
- **Wer zu offensichtlich nach Geltung strebt, läuft Gefahr, Sympathie zu verlieren oder Führungsfehler im Unternehmen zu begehen. Der eingeengte Blick auf sich selbst und die eigene Karriere macht blind für die Bedürfnisse anderer.**

Mehr Respekt – ab sofort

Wenn es um Respekt und Geltung geht, messen wir uns oft unbewusst an anderen. Wir nehmen über verschieden Kanäle wie Bekanntenkreis, Medien oder Internet ihr Ansehen wahr und versuchen, ihnen nachzueifern. Doch durch Zurschaustellen der eigenen Leistungen und Fähigkeiten ist die Arbeit am Ansehen leider nicht getan. Wir müssen ins wirkliche Tun und Umsetzen kommen, neue Routinen entwickeln, indem wir Lernerfahrungen sammeln. Starten Sie am besten im zwischenmenschlichen Bereich. Dort ist der Einfluss direkt messbar, weil Ihr Gegenüber Ihnen durch seine Reaktion Feedback gibt. Sie merken sofort, wie Ihr Verhalten ankommt und lernen automatisch, es entsprechend anzupassen. Hier eine erste Übung:
Entscheiden Sie sich heute für eine Person, der Sie schon länger etwas sagen sollten und es nicht getan haben – das kann ein Kompliment sein, aber auch ein Verbesserungsvorschlag oder etwas, das Sie stört.
Bereiten Sie sich vor und sprechen Sie die Person direkt an. Oder vereinbaren Sie gleich jetzt einen Termin, um das Thema anzusprechen. Lernziel dabei ist, das Ungewohnte zu einer Gewohnheit zu machen und umgehend ins Tun zu kommen.

Teil I –
Warum es ohne Respekt nicht geht

2.
Macht und Respekt:
Die große Verwechslung

»

Gewalt beginnt, wo das Reden aufhört.

Hannah Arendt (1906–1975), Publizistin

«

Wenn ich am Morgen meine Laufschuhe anziehe und mich auf meine Hausrunde begebe, sind meist noch nicht viele Menschen unterwegs. Die einzigen, die wie ich bei Wind und Wetter und zu jeder Tageszeit bereit sind, nach draußen zu gehen, sind Hundebesitzer. So erlebe ich des Öfteren spannende Momente, wenn ich beobachte, wie Frauchen und Herrchen mit ihrem Vierbeiner umgehen. Falls Sie ebenfalls eine Hausrunde haben, kennen Sie das: Man grüßt sich, bekommt im Laufe der Zeit sogar mit, wie die Hunde heißen und welche Eigenheiten sie haben.

Auf meiner Hausrunde etwa gibt es Justin, einen ausgesprochen lebhaften Labrador. Seine Besitzerin hat alle Hände voll damit zu tun, das Tier in Zaum zu halten. Zudem scheint er ein Faible für Jogger zu haben, denn jedes Mal, wenn Justin mich erblickt, versucht er, sich von der Leine loszureißen und zerrt unter heftigem Gebell sein Frauchen in meine Richtung. Der Hundehalterin ist das natürlich peinlich, noch dazu, weil Justin in keiner Weise auf ihre Kommandos reagiert. Bis vor Kurzem hat sie versucht, den Druck zu erhöhen, die Befehle lautstark auszusprechen und schließlich den Hund anzubrüllen, als er nicht gehorchte. Ich muss gestehen, der entrüstete Ausruf »Justin, du bist so ein Trottel!« brachte mich zum Lachen. Ich stellte fest, dass der Respekt nun wohl auf beiden Seiten endgültig verloren war.

Eines Tages jedoch hat die verzweifelte Hundehalterin offensichtlich ihre Strategie geändert. Zuerst fiel mir nur auf, dass Justin erstaunlich ruhig neben ihr sitzenblieb, als ich vorbeilief. Beide waren von mir weggedreht und blickten ins Feld, bis ich vorbei war. Was war passiert? Wie hatte sich die Dame so plötzlich Respekt verschafft? Während ich im Kopf die Möglichkeiten von Hypnose bis Hundepsychologie durchging, sah ich es: Das Tier kaute an einem Leckerli, schlang es in Windeseile hinunter und bekam sofort das nächste. Ich steigerte unwillkürlich mein Tempo – nicht, dass die Leckerlis plötzlich zur Neige gingen und Justin mich zum Nachtisch nähme! Seither läuft das Spiel jedes Mal, wenn ich die beiden treffe. Sobald mich die Hundebesitzerin aus der Ferne kommen sieht, erhält Justin ein Leckerli. Quasi als vorauseilende Belohnung, dass er mich nicht auffrisst.

Ein Stück weiter auf meiner Laufstrecke, knapp hinter dem Wald, treffe ich manchmal auf einen älteren Herrn, der einen jungen Jagdhund bei sich führt. Das Tier ist nicht angeleint und wirkt verspielt, oft trägt es einen Wurfball im Maul und wirbelt erwartungsvoll um sein Herrchen. Anfangs war ich skeptisch: Würde mich der Jagdhund angehen? Justin hat mich über die Zeit doch etwas in negativer Weise sensibilisiert. Aber die Skepsis verflog rasch, denn die beiden haben ein faszinierendes Verhältnis zueinander: Wenn ich sportlich des Weges komme, bewegt der Hundebesitzer mit einer winzigen Geste seine linke Hand. Der Hund positioniert sich augenblicklich neben seinem Herrchen und verharrt ganz ruhig an dessen linker Seite. Die beiden müssen sich dabei nicht einmal ansehen. Ihre Körpersprache ist derart abgestimmt, dass sie sich wortlos und ohne große Gesten verstehen. Die aufmerksamen Augen und das Ohrenspiel des Hundes zeigen deutlich den Respekt zu seinem Besitzer. Die entspannte Haltung und Mimik des Besitzers zeigen für mich noch etwas anderes: Vertrauen. Beide scheinen zu wissen, was sie vom anderen zu erwarten haben. Sie verlassen sich darauf, dass der andere sein Verhalten nicht ohne Grund ändert. Das Ganze wirkt nicht erzwungen, sondern aus freien Stücken und friedlich. In der Kommunikation der beiden herrscht vollkommene Klarheit. Und schließlich – wenn ich die beiden passiert habe – bewegt der Hundehalter wieder fast unscheinbar seine Hand. Das Tier springt voll Freude um ihn herum und präsentiert seinen Wurfball. Er erhält übrigens keine Belohnung, sondern das Spiel der beiden geht einfach weiter.

Warum ich Ihnen diese Geschichte erzähle? Mich hat sie sehr beschäftigt, denn das Verhältnis zwischen sozialen Wesen, egal, ob Mensch oder Tier, kann nur ausgewogen und vertrauensvoll sein, wenn es von Respekt getragen ist. Sobald das Verhältnis unausgeglichen ist, muss nachgeholfen werden – entweder mit Zuckerbrot oder mit Peitsche. Oder mit Hundeleckerlis. Dabei hatte

Justin noch Glück, dass seine Besitzerin die Leckerlis gewählt hat. Denn in meiner aktiven Zeit als Reiterin habe ich andere Methoden erlebt, wie Pferdetrainer die Tiere gefügig machten. Im Westernreiten sah ich einmal einem sogenannten Spezialtrainer zu. »Erst musst du dir Respekt verschaffen!«, polterte er der Pferdebesitzerin zu, die am Rand der Reitbahn stand und ein betretenes Gesicht machte. Der Mann dominierte mit seiner gesamten Haltung das Pferd, schlug es und unterwarf es sich mit roher Gewalt. Das Tier gehorchte, doch es wirkte scheu und gebrochen. Mir war damals klar: Hier war kein Respekt vorhanden, weder von der Seite des Trainers, noch von der Seite des Pferdes. Der Mann übte Macht aus, und Angst war die Triebfeder des Tieres, zu gehorchen. Ein Bild, das sich einprägte – die Stimmung ging auf alle Anwesenden in der Umgebung über und war sehr gedrückt. Die Angst des Pferdes war spürbar, doch leider gebot die Besitzerin dem Trainer keinen Einhalt, sondern sah mit hochgezogenen Schultern zu, wie ihr Tier im wahrsten Sinne des Wortes in die Knie gezwungen wurde.

Ist Macht wirklich immer schlecht?

Wenn Menschen die Formulierung »sich Respekt verschaffen« verwenden, meinen sie damit meist das Ausüben von Druck und Macht. Und bei Macht heißt es mindestens: Vorsicht. Sie kann bei falscher Anwendung großen Schaden anrichten. In Philosophie und Wissenschaft wird der Begriff Macht weitreichend diskutiert. In unterschiedlichen Ansätzen versuchen Menschen seit Jahrhunderten, den Ursprung von Macht zu finden. Doch was bedeutet Macht eigentlich? Etymologisch geht der Begriff ins Indogermanische zurück, dort bedeutet »magh« können, vermögen, fähig sein. Im Gotischen findet man ein gleichbedeutendes Wort: »magan«. Philosophen wie Niccolò Machiavelli, Hannah Arendt oder Friedrich Nietzsche gehen sowohl von Existenz- und Herrschaftssicherung aus, spannen den Bogen jedoch auch bis zu Selbstverwirklichung und Glück – ähnlich dem Respekt in der Maslowschen Bedürfnishierarchie. »Mehr haben wollen« als natürlichen Trieb sieht der englische Philosoph Thomas Hobbes: »So halte ich an erster Stelle ein fortwährendes und rastloses Verlangen nach immer neuer Macht für einen allgemeinen Trieb der gesamten Menschheit, der nur mit dem Tode endet.«

Es ist spannend zu erkennen, dass der Begriff Macht an sich noch nicht negativ konnotiert ist. Erst dort, wo sie nicht mehr vorhanden ist, wird Druck oder Gewalt angewandt. Die deutsche Publizistin Hannah Arendt spricht gar von Macht als positives Gut: Erst, wenn Menschen sich zusammenschließen und im Einvernehmen handeln, entsteht ihrer Ansicht nach Macht. Ist das nicht mehr der Fall, tritt Machtlosigkeit auf, die mit Gewalt kompensiert wird. Wer also Macht hat, hat auch Respekt – solange das im Einvernehmen passiert. Wird die Macht mit Gewalt kompensiert, bleibt Respekt aus Vorsicht oder Angst, nicht mehr jedoch aus Achtung und Anerkennung. Menschen wie dem zuvor beschriebenen Pferdetrainer wird das reichlich egal sein. Er erreicht seinen »Erfolg« in kürzester Zeit und hat damit seinen Auftrag abgeschlossen. Wer sind aber die Auftraggeber solcher gewaltorientierten Trainer? Nun, es werden Menschen sein, die auch Führungspositionen als Machtpositionen begreifen und Mitarbeitende als Untergebene sehen, die Kommandos auszuführen haben.

Wer mit Menschen arbeitet, sollte jedoch Machtaufbau mit (formaler) Gewalt nicht damit verwechseln, auf natürliche Weise Respekt zu erhalten. Denn ein solcher Respekt ist lediglich seiner Rolle in der Firmenhierachie gezollt, nicht ihm als Persönlichkeit. Verliert er seine Macht, ist auch der Respekt verloren. Hier kommt die Definition Max Webers zum Zug: »Macht bedeutet jede Chance, innerhalb einer sozialen Beziehung den eigenen Willen auch gegen Widerstreben durchzusetzen, gleichviel worauf diese Chance beruht«, stellte der deutsche Soziologe und Ökonom schon vor mehr als hundert Jahren fest.

Eine der Grundlagen dieser Definition ist die Chance. Das heißt, es muss eine Gelegenheit gegeben sein, den eigenen Willen durchzusetzen. Menschen suchen solche Gelegenheiten bewusst und unbewusst. Selbst kleine Kinder neigen bereits dazu, ihren Willen durchzusetzen. Beobachten Sie einmal, wie selbst Ein- oder Zweijährige bereits ihre Eltern im Griff haben, wenn es zum Beispiel darum geht, hochgehoben oder getragen zu werden. Ich erinnere mich gut an die Zeit, als mein Sohn noch sehr klein war: Setzten wir ihn beim Spazierengehen in den Buggy, wollte er nach kurzer Zeit wieder heraus und selbst laufen. Ließen wir ihn laufen, wollte er umgehend wieder zurück in den Buggy. Dieses Spiel spielte er nach absolutem Belieben – es war kein Muster, kein tieferes Bedürfnis erkennbar. Offenbar diente es ihm einfach als Übung, seinen Willen durchzusetzen, also Macht auszuüben. Die Frage nach dem Warum stellten uns als Eltern mehr als einmal. Die einzig halbwegs zufriedenstellende Erklärung für mich ist jene, dass diese Übungen oder Verhaltensmuster wohl programmiert, beziehungsweise genetisch in uns angelegt sind und dem sich entwickelnden Menschen dazu dienen, seine Existenz zu sichern. Das Bedürfnis nach Selbsterhaltung spricht auch der englische Philosoph Thomas Hobbes jedem menschlichen Wesen zu – nachzulesen in seinem berühmten Werk »Leviathan« aus dem 17. Jahrhundert.

Wer selbst Kinder hat, weiß, dass die Frage nach dem Warum eher ermüdet als Befriedigung gibt. Ohne hier psychologisch auszuholen: Im Laufe unserer Persönlichkeitsentwicklung absolvieren wir unzählige Stationen, die uns helfen, zu reifen und zu überlebensfähigen Erwachsenen zu werden. An der Reife scheiden sich die Geister – denn die Spiele der Erwachsenen kennen keine Grenzen, wenn es um Macht geht. Dazu mehr in Teil II dieses Buches.

Respekt als Basis für Vertrauen und Wertschätzung

Der Begriff Respekt leitet sich vom lateinischen »respectio« ab und heißt so viel wie Rückschau, Einschätzung, Betrachtung. Wir verstehen darunter eine Form von Wertschätzung, von Anerkennung oder Ehrerbietung. Meist bezieht sich Respekt auf Personen, er kann aber genauso anderen Lebewesen, Regeln oder Institutionen entgegengebracht werden. Stellen Sie sich vor, Sie betreten ein großes Gebäude, zum Beispiel einen Palast. Wie sind Ihre Bewegungen, wie ist Ihre Stimme? Sprechen Sie laut oder leise? Ich denke, Sie haben ein Bild vor Augen. Ganz natürlich verhalten Sie sich ruhig, zurückhaltend – respektvoll eben. Normalerweise fühlen Sie sich dabei nicht unwohl, es ist eine selbstverständliche Haltung. Dasselbe ist es, wenn Sie einem Menschen Anerkennung entgegenbringen: Sie behandeln ihn höflich, mit Achtung und bemühen sich um gute Umgangsformen. Selbst, wenn es sich um eine Autoritätsperson handelt, löst es kein unangenehmes Gefühl in Ihnen aus. Es sei denn, die Person hat – aus welchem Grund auch immer – Ihren Respekt nicht verdient. Dann zollen Sie ihn zwar dennoch, aber mehr aus Vorsicht oder Angst vor Repressalien.

Jemanden zu respektieren, bedeutet, ihn für ebenbürtig zu halten, ihn anerkennend zu berücksichtigen. Das drücken wir zum Beispiel durch Höflichkeit und gute Umgangsformen aus. Respekt bedeutet auch, sich zurückzuhalten und anderen Menschen nicht ungefragt zu nahe zu kommen oder ins Wort zu fallen, sondern das Territorium und die Privatsphäre des anderen zu achten. Das deutsche Verständnis von Respekt ist etwas härter als zum Beispiel das US-amerikanische. Dort wird »respect« mehr als Achtung verstanden und gilt als hohes Ziel des Umganges miteinander und vor allem in der Erziehung von Kindern.

Der österreichische Psychiater Reinhard Haller beschreibt ein spannendes Phänomen, das sich in unserem Gehirn abspielt, wenn wir Respekt im Sinne von Wertschätzung erhalten: Sie aktiviert unser Belohnungszentrum und hemmt das Angstzentrum. So werden wir kreativer, motivierter und beziehungsfähiger. Wird hingegen Macht ausgeübt, die mit Drohung, Kränkung oder Bestrafung verbunden ist, werden Ängste aktiviert und unsere Selbstachtung nachhaltig erschüttert. So ging es Michael, einem jungen, hoch motivierten Grundschullehrer.

Bei allem Respekt: Die Macht der Direktorin

Es ist sein zweites Unterrichtsjahr, und Grundschullehrer Michael freut sich auf das Bauernhof-Projekt im Herbst. Als motivierter End-Zwanziger zählt er zur jungen Riege der Lehrkräfte an seiner Schule. Immer wieder hat er neue Ideen, die er engagiert in der Konferenz einbringt. Die Direktorin, eine erfahrene, etablierte End-Fünfzigerin, führt die Schule mit strengem Regiment: strukturiert, konservativ und exakt nach Plan. Michael mit seiner Begeisterung und Kreativität stört immer wieder ihren rigiden Ablauf. Zu Beginn hat sie noch milde gelächelt und wollte seine Vorschläge als unrealistisch abtun. Doch Michael gab nicht auf – und zog somit den Zorn der Direktorin auf sich.

Heute ist Freitagskonferenz und Michael braucht noch die finale Zustimmung der Direktion. Sein Vorschlag ist etwas unkonventionell. Er möchte mit den Kindern nicht nur einen Bauernhof besichtigen, wie es der Lehrplan vorsieht, sondern auch einer Schlachtung beiwohnen. Die Lehrerschaft reagiert neugierig und fragt nach, diskutiert den Vorschlag kritisch. Die Direktorin hingegen ist außer sich. »Nun sprengst du wirklich den Rahmen deiner Kompetenz!«, weist sie Michael barsch zurecht. Während er zum Gegenargument ansetzt, kneift sie boshaft die Augen zusammen und sieht ihn mit stechendem Blick an. »Ich habe übrigens eine sehr unerfreuliche Nachricht für dich, was deinen Dienst hier an der Schule angeht«, lispelt sie mit einem zynischen Grinsen. Michael schaut sie fragend an. Die Blicke der übrigen Lehrkräfte sind auf ihn gerichtet. »Wir sprechen am Montag in meinem Büro darüber. Dann hast du übers Wochenende Zeit zum Nachdenken.«

Michael spürt das Blut in seinen Kopf aufsteigen. Er hört das Rauschen in den Ohren. Hat sie das gerade wirklich gesagt? Ihn zurechtgewiesen und behandelt wie ein freches Kind? Er weiß nicht, wie er reagieren soll. Die Direktorin spürt sofort, dass der Machtpunkt an sie gegangen ist. Selbstzufrieden lehnt sie sich in ihrem Stuhl zurück, während Michael voll Ahnungslosigkeit und Zweifel zusammensackt.

Was ist hier passiert? Die Direktorin hat sich über die Jahre in ihrer Schule ein Imperium aufgebaut. Sie hat durch ihre langjährige Zugehörigkeit ihre Position gestärkt. Hinzu kommen der Altersunterschied zu jüngeren Lehrkräften sowie strenge Strukturen, die sie als Direktorin eingeführt hat und die durch die übergeordnete Verwaltungsstelle des Landes legitimiert sind. In dieser Welt ist sie die Herrscherin – und sie gefällt sich in dieser Rolle so gut, dass sie sich weder selbst infrage stellt, noch andere Meinungen oder gar Kritik duldet. Sie selbst spricht von Respekt – die Lehrkräfte an ihrer Schule von Macht. Das Durchsetzen ihres Willens, egal, ob sie Zustimmung erhält oder nicht, ist Beleg dafür. Wer sich gegen sie stellt, wird vor allen anderen bloßgestellt. Auch dieses Vorgehen ist ein von ihr bewusst gewählter Ausdruck ihrer Macht. An Michael hat sie in der Freitagskonferenz wieder einmal ein Exempel statuiert. Menschen, die sich Macht aufbauen, nutzen diese Technik gerne, um andere einzuschüchtern. Schließlich möchte niemand in der Haut des Delinquenten stecken und vor versammelter Mannschaft eine Abreibung kassieren. Diese Technik ist höchst unfair – denn die vermeintliche Schuld wird einer beliebigen Person einfach in die Schuhe geschoben. Statt diese sofort zurückzuweisen und die Technik zu enthüllen, sind Opfer meist unvorbereitet und fallen – aus einer Schockreaktion heraus – in Rechtfertigung. So wirkt das Ganze wie ein Schuldeingeständnis, bei dem die angegriffene Seite Status verliert und die austeilende Seite Status und Macht gewinnt. Wer mein Buch »contra!« gelesen hat, weiß mit diesen unfairen Techniken umzugehen und souverän zu kontern.

Erstaunlicherweise brauchen manche Menschen, die in einem hierarchischen Gefüge aufsteigen, immer wieder die Bestätigung ihrer Position, indem sie anderen ihre Macht demonstrieren. Ihnen genügt bloßer Respekt nicht. Aus unterschiedlichen Motiven müssen sie sich und ihrem Umfeld wieder und wieder beweisen, wer das Sagen hat. Wir sprechen hier nicht nur von Unternehmen, sondern auch von Familien, Vereinen, Parteien, Religionen und politischen Systemen. Betrachtet man die aktuelle geopolitische Lage, reichen Unverständnis und Kopfschütteln nicht aus. Wer hätte gedacht, dass im einundzwanzigsten Jahrhundert die meisten Menschen in Staaten leben, die von Diktatoren, Autokraten, Narzissten und Populisten beherrscht werden, darunter auch die größten Volkswirtschaften der Erde. Dass Macht noch immer durch atomare Aufrüstung, Waffen, Militär und Gewaltausübung an der Bevölkerung demonstriert wird? Es treibt mir die Tränen in die Augen, wenn ich daran denke, dass dieser negative Trend in den vergangenen Jahren sogar zugenommen hat. Statt Intelligenz, Empathie und Respekt scheinen blanke Herrschaftssucht und Machtwahn das Zepter zu übernehmen. »Imagine all the people, livin' life in peace«, textete John Lennon in seiner berühmten Friedenshymne – entstanden 1971, mitten im Vietnamkrieg und einer geopolitischen Krisenlage. Groß war die Hoffnung damals in der Friedensbewegung, es formierten sich dort Idealisten, Weltverbesserer, Künstlerinnen und Intellektuelle – leider, ohne sich dauerhaft durchzusetzen.

Die Macht liegt in der Anwendung

Bevor Sie mir nun unterstellen, ein zu tristes Bild der bestehenden Weltordnung zu zeichnen, widmen wir uns noch einmal der Begriffsabgrenzung von Respekt und Macht. Während Respekt nur entstehen kann, wenn Menschen in Beziehungen sich gegenseitig Einverständnis zollen, sich selbst und ihre Mitmenschen achten, so kann Macht auch mit Gewalt aufgebaut werden. Um ein Machtkonstrukt dauerhaft zu erhalten, benötigt es jedoch immer weitere Demonstration und ein Aufrechterhalten der Gewalt – wie immer sie auch ausgeübt wird. Respekt hingegen wohnt einer Person inne. Er bleibt auch, wenn die Person außerhalb ihrer Position angetroffen wird oder sie eine machtgebende Position nicht mehr bekleidet.

Macht allerdings bedingt die machtgebende Position. Verliert eine Person ihre Rollenfunktion, ist auch der Respekt passé. Achten wir deshalb stets darauf, aus welchen Gründen eine Person respektiert wird. Ist es die ungesunde Form des Angstrespektes, der auf Machtdemonstration hinweist? Oder ist es der natürliche Respekt, der auf Wertschätzung und Klarheit beruht? Mit dieser Zweiteilung lassen sich Personen und Situationen besser einordnen und bei Bedarf eigene Verhaltensstrategien ableiten, denn diese brauchen wir, wenn wir mit Machtausübung konfrontiert sind. Hierbei unterscheiden wir, ob wir ausgeliefert sind oder ob wir die Situation durch eigenes Handeln verändern können. Geht es um Machtausübung im großen Stil, wie sie von Diktatoren, Kriegsparteien oder Terrorbewegungen ausgeübt wird, so besteht meist nur eine Option – wenn überhaupt: die Flucht. Wer aus Idealismus seine Chancen zu groß wähnt, riskiert oft nicht nur das eigene Leben, sondern auch das seiner Familie. Diese einzige Option, zu entkommen, trieb bis Mitte 2022 rund hundert Millionen Menschen auf der Welt dazu, aus ihrer Heimat zu fliehen, zeigt die Statistik der Flüchtlingsagentur UNHCR. Mehr als dreißig Millionen haben Flüchtlingsstatus, die Hälfte davon sind Kinder unter achtzehn Jahren. »Wir beobachten eine veränderte Realität. Vertreibung betrifft aktuell nicht nur viel mehr Menschen, sondern sie ist auch kein kurzfristiges und vorübergehendes Phänomen mehr. Wir brauchen eine grundlegend neue und positivere Haltung gegenüber allen, die fliehen, gepaart mit einem viel entschlosseneren Bestreben, Konflikte zu lösen, die jahrelang andauern und die Ursache dieses immensen Leidens sind«, sagt UN-Flüchtlingshochkommissar Filippo Grandi.

Die Flucht vor exzessiver Machtausübung in Form von Krieg, Verfolgung und Terrorismus ist meist jedoch nur ein kleiner Schritt in ein Leben mit Respekt und Würde. Bilder aus den Medien vermitteln drastisch, welche zum Teil unmenschlichen Zustände in den Auffanglagern für geflüchtete Menschen herrschen. Die Massen sind für die Zielländer nur schwer zu stemmen, und nur wenige wagen sich darüber, griffige, nachhaltige Konzepte für den weltweiten Exodus zu entwickeln. Schließlich ist das Thema politisch gesehen ein heißes Eisen, an dem sich kaum jemand die Finger verbrennen möchte. Es ist viel einfacher, im wohlig beheizten Eigenheim zu sitzen und über die »Ausländer« oder »böse Wirtschaftsflüchtlinge« zu monieren, als sich mit dem Schicksal der Menschen auseinanderzusetzen. Menschlich zu sein, ist die Quelle des positiven, gesunden Respektes. Es ist die Basis für echtes Ansehen. Doch das braucht Mut, den auch bisweilen scharfen Gegenwind auszuhalten. In Deutschland hat das die ehemalige Bundeskanzlerin Angela Merkel bewiesen. Sie hat gezeigt, dass Menschlichkeit und Würde die Basis dafür sind, selbst höchsten Respekt bei Freund und Feind zu erlangen – ohne Gewalt, ohne Drohungen oder irgendwelche Machtspiele. Ihr hohes Ansehen auf der internationalen Weltbühne der Politik bezeugte das eindrücklich. Ein Zeichen echten Respektes ist, wenn das Ansehen der Persönlichkeit bleibt, nachdem sie ihre Position nicht mehr bekleidet.

Zusammenfassend lässt sich festhalten: Wie Macht wirkt und ob sie positiv oder negativ ist, ist stark von ihrer Anwendung abhängig. Werden Menschlichkeit und Würde beachtet, so ist das Konstrukt in der Regel auf gegenseitigen Respekt ohne Bedrohung oder ständige Angst vor Repressalien getragen. Beginnt eine Person oder ein Regime, Macht durch unklare Kommunikation, Verwirrung, Falschinformation, Ungleichbehandlung, Unterdrückung oder gar Terrorismus aufzubauen, so muss auch sie selbst in einer ständigen Grundangst leben – denn die Gefahr eines Aufstandes oder einer Vergeltung lauert überall dort, wo Menschen die Möglichkeit haben, sich zu verbinden und auszutauschen.

KLARTEXT

- **Wer natürlichen Respekt genießt, hat auch Macht in seinem Wirkungskreis, und zwar ohne diese ständig demonstrieren zu müssen. Der Respekt bleibt an der Person, unabhängig von ihrer Position im Unternehmen oder in der Gesellschaft.**
- **Wer sich Angstrespekt durch Unberechenbarkeit oder gar Gewalt aufbaut, muss die dadurch entstandene Macht immer wieder untermauern. Andernfalls droht auch dem Machthaber die Vergeltung durch die unterdrückten Menschen. Verliert die Person ihre Machtposition, ist auch der Respekt passé.**

Mehr Respekt – ab sofort

Um positiven Respekt aufzubauen, starten Sie mit intensiver Reflexion. Beobachten Sie Ihr Umfeld bewusst – wer genießt natürliches Ansehen, wer muss es erzwingen und wodurch? Setzt die Person Tricks wie Lockmittel oder Androhung von Repressalien ein?
Versuchen Sie, bewusst zu benennen oder mit einer vertrauten Person zu diskutieren, wodurch sich bestimmte Menschen Ihrer Meinung nach Geltung und Macht verschaffen. Das Erkennen und Benennen von Machtspielen und machtorientiertem Verhalten ist ein wesentlicher Schritt zum Entwickeln des eigenen, positiven Ansehens.
Hier ist übrigens Nachmachen erlaubt: Wenn Sie positives Verhalten und natürliches Ansehen bei Personen wahrnehmen, benennen Sie es ebenfalls für sich und übernehmen Sie gezielt Verhaltensweisen in Ihren Alltag. Wir Menschen lernen von der Kindheit an sozial durch Beobachtung und Nachahmung – setzen wir diese natürliche Kompetenz auch als Erwachsene für uns ein!

3.
Beziehungen ohne Respekt: Ein toxisches Verhältnis

»

Um den endgültigen Sieg davonzutragen, muss man rücksichtslos sein.

Napoleon Bonaparte (1769–1821), Kaiser

«

Sie war der Inbegriff von Motivation und Vitalität. Als ich vor vielen Jahren Sophia kennenlernte, war ich begeistert von ihr. Die junge Frau war voller Tatendrang. Soeben hatte sie ihr eigenes Geschäft gegründet, eine Boutique mit exklusiven Möbeln. Ich erinnere mich noch genau: Ich saß im Gastgarten des örtlichen Cafés, sie fuhr mit dem nagelneuen Firmenwagen vor. Strahlend entstieg sie dem Fahrzeug und lief auf mich zu. »Weißt du schon das Neueste?«, fragte sie mit einem verschwörerischen Grinsen, um sogleich herauszuplatzen: »Wir heiraten!« Ich war baff. Sophia kannte Robert doch erst wenige Monate und war anfangs gar nicht so sicher gewesen. Meine Überraschung schnell verbergend, nahm ich sie in die Arme und gratulierte ihr von ganzem Herzen. Sie würde ihre Gründe haben und als selbstbewusste Persönlichkeit diese Lebensentscheidung nicht aus einer Laune heraus getroffen haben, da war ich mir sicher. Leider lag ich mit meiner Einschätzung falsch. Das erfuhr ich aber erst viel später.

Nachdem ich den Wohn- und Arbeitsort gewechselt hatte, sah ich Sophia längere Zeit nicht. Ich nahm aus den Medien wahr, dass ihr Geschäft offenbar gut lief. Die örtliche Society ging bei ihr ein und aus und sicherte sich die neuesten Möbelstücke und Trends, die sie aus Mailand und von anderen Möbelmessen mitbrachte. Das ging so über einige Jahre. Dann las ich plötzlich in der Lokalzeitung, dass ihr Geschäft geschlossen wurde. Der Betrieb sei aufgrund ernsthafter gesundheitlicher Probleme der Besitzerin eingestellt worden. Ich rätselte, was passiert sein könnte. Eine Freundin erzählte mir, Sophia sei psychisch erkrankt – wahrscheinlich habe sie der Stress mit dem Geschäft und ihre familiären Verpflichtungen, also die beiden kleinen Kinder, zu sehr in Anspruch genommen. Eine Erklärung, die mir auch von anderen Seiten zu Ohren kam. Ganz wollte ich es nicht glauben. Schließlich wird dieses Argument von der Mehrfachbelastung uns Frauen oft allzu schnell als Ursache für allerlei Ungemach ans Herz gelegt.

Ein weiteres Jahr später traf ich Sophia zufällig. Ich erkannte sie kaum wieder. Blass, dünn, gebrochen sah sie aus. Mühsam quälte sie sich ein Lächeln ab. »Ich sag es dir gleich direkt. Ich habe endlich die Scheidung durchgebracht. Ich habe nie gedacht, dass ich von ihm loskomme!« Als sie mein fragendes Gesicht sah, zuckte sie mit den Schultern. »Oh, du weißt es nicht?« Sophia schlug vor, gemeinsam eine Tasse Kaffee zu nehmen. Dann erzählte sie mir ihre Geschichte.

Der geplatzte Traum

Der Heiratsantrag war wie im Märchen. Robert hatte mit Sophias Reitstall ein Arrangement getroffen und war mit der Kutsche beim Geschäft vorgefahren. Der ganze Ort hatte es mitbekommen, ein Fotograf fing die besten Momente ein. Natürlich gab es nur eine Antwortmöglichkeit, aber Sophia war sich ohnehin ganz sicher. Wer ihr so den Hof machte, der würde auf ewig ihr Prinz sein. Alles andere war unvorstellbar. Die Hochzeit lief öffentlichkeitswirksam ab. Robert war in erster Linie wichtig, dass die Gesellschaft nicht nur Sophia, sondern auch und vor allem ihn als den großen Geschäftsmann wahrnahm. Schließlich war er in ihr Möbelgeschäft eingestiegen und hatte den Vertrieb online erfolgreich ausgebaut.

Während der Hochzeitsvorbereitungen wurde Robert oft ungeduldig, bezeichnete Sophias Verwandtschaft als Bagage und stellte kritische Fragen zu den Finanzen. Müsse es die teure Deko sein, könne es nicht ein billigerer Wein sein, wer hat eigentlich gesagt, dass es vier Musiker sein müssen, wenn doch ein DJ auch genügen kann? In ihrer Euphorie sah Sophia die Zeichen nicht, sie ließ Robert gewähren und war stets bemüht, zu beschwichtigen.

Die Hochzeitsreise lief bescheiden ab, ein paar Tage in einem Wellnesshotel, dann rief der Dienst wieder. Sophia wurde bald schwanger, bekam ein Mädchen und knapp zwei Jahre später noch einen Jungen. Nebenbei führte sie das Geschäft und es florierte. Ihre Beziehung allerdings war ein anderes

Kapitel. Robert war zunehmend damit beschäftigt, seine Kompetenzen großzureden und Sophia ein schlechtes Gewissen zu machen. Es fing mit kleinen Sticheleien an: Sie kümmere sich zu wenig um die Kinder, solle doch mehr auf den Haushalt achten. Sophia handelte umgehend und stellte eine Haushaltshilfe ein. Doch Robert wurde immer unzufriedener. Er warf Sophia vor, sie nehme sich für ihn zu wenig Zeit, mache sich nicht mehr zurecht. Egal, was Sophia tat, Robert fand an allem einen Grund zur Beanstandung. Parallel waren das Geschäft und viele Repräsentationstermine zu bewältigen, was Sophias Stresslevel noch erhöhte. Der Prozess verlief schleichend und Sophia bemerkte erst viel zu spät, dass jede Wertschätzung in ihrer Beziehung verschwunden war. Das Vakuum füllte sich mit Kritik, Streit und Geringschätzung. In Robert wuchs etwas, das Sophia nicht erklären konnte. Aus seiner notorischen Unzufriedenheit wurde ein regelrechter Narzissmus. Alles sollte sich aus Roberts Sicht um seine Bedürfnisse drehen und vor allem darum, dass ihn – nach seiner Wahrnehmung – niemand respektieren wollte. Er begann, Rennrad zu fahren und kehrte oft stundenlang nicht zurück. Zu Hause herrschte er Sophia und die Kinder an, sie hätten sich zu benehmen, schließlich sei er das Familienoberhaupt.

Die Stimmung in der Familie wurde immer trister. Wenn Robert zugegen war, herrschte Ruhe und Vorsicht, um nicht einen seiner gefürchteten Wutausbrüche heraufzubeschwören. Diese waren verbal heftig und richteten sich meist gegen Sophia, die inzwischen mit Vorwürfen der übelsten Sorte konfrontiert wurde. Die Lage spitzte sich zu und Sophia begann, Exit-Szenarien zu überlegen. Das bekam Robert mit und war schließlich nur noch misstrauisch. Die beiden verachteten sich, eine Trennung schien jedoch auch nicht möglich, da Verbindlichkeiten aus Geschäft und Privatbesitz die beiden aneinanderketteten. Ganz abgesehen von den Kindern, die damals drei und fünf Jahre alt waren. Sophia begann, die Vorwürfe zum Teil zu glauben und an sich selbst zu zweifeln. Sie warf sich Schwäche vor, sie haderte mit ihrer Rolle als Mutter und wütete gegen sich selbst und ihr Leben. Es sollte noch weitere drei Jahre dauern, bis die toxische Beziehung endlich aufgelöst werden konnte – natürlich nicht ohne einen Rosenkrieg der Extraklasse, mit Scheidungsanwälten, Schuldzuweisungen und Sorgerechtsstreitigkeiten.

Mein Kaffee war längst kalt geworden, so gebannt und sprachlos war ich von Sophias Geschichte. Ich fragte sie: »Wenn du im Nachhinein daran denkst, wann hat sich das Blatt gewendet? Wann hast du zum ersten Mal Zweifel bekommen?« Da gestand sie mir: »Um ehrlich zu sein, schon vor der Hochzeit. Robert hatte immer das Gefühl, alle Welt würde ihm auf der Nase herumtanzen, wenn er sich nicht Respekt verschafft. Genau das waren seine Worte: Man muss sich immer Respekt verschaffen, sonst wird man nur verarscht.« Leider ging für Robert diese Rechnung in seinem Privatleben nicht auf.

Das Gespräch mit Sophia hat mich lange beschäftigt. Ich wollte herausfinden, wie eine solche Entwicklung vonstatten geht. Bei meiner Arbeit im Coaching bin ich oft mit destruktiven Situationen konfrontiert, die nachweislich nicht von heute auf morgen eingetreten sind. Vielmehr haben sie sich über einen längeren Zeitraum abgezeichnet und die involvierten Personen konnten oder wollten die Zeichen nicht rechtzeitig erkennen. Meine Aufgabe ist es nicht, zu beurteilen, was richtig oder falsch ist. Das möchte ich auch nicht in diesem Buch, wenn ich mit Ihnen verschiedene Geschichten teile. Meine Arbeit liegt in der Kommunikation und im Entflechten verwirrter Stränge – und das kann niemals über Schuldzuweisungen funktionieren.

Viel wichtiger als Schuldzuweisungen zu suchen, ist, Klarheit zu schaffen. Für sich und natürlich für die anderen. Verhält sich in einer Beziehung – egal, ob geschäftlich oder privat – eine Person ungewöhnlich oder unklar, so fragen Sie sofort nach. Äußern Sie Ihre Wahrnehmung und Ihre Gedanken, und zwar aus Ihrer Sicht. Das heißt, Fragestellungen wie »Warum sagst du das?« oder »Warum tust du jenes?« haben nichts zu suchen. Stattdessen formulieren Sie mit Worten wie »Mir fällt auf, dass...« oder »Ich habe das Gefühl, dass ... –

Was sagst du dazu?« Eröffnen Sie einen Dialog, statt sich zurückzuziehen, statt zu spekulieren oder statt gleich mit der Vorwurfskeule zuzuschlagen.

»Wehret den Anfängen!«, proklamierte der römische Dichter Ovid vor mehr als zwei Jahrtausenden. Während er damals vor den Folgen des Sich-Verliebens warnte, sehen wir heute deutlich, dass wir den Zug der Verachtung nicht mehr stoppen können, wenn er eine bestimmte Fahrtgeschwindigkeit erreicht hat. Wenn Respekt einmal verloren ist, lässt er sich nur sehr schwer wieder aufbauen. Wir treffen Abmachungen, nehmen uns fest vor, einander zu respektieren. Doch bei der nächsten Auseinandersetzung fallen wir wieder auf unser tiefstes, archaische Verhaltensmuster zurück. Wenn es endet wie in Sophias Fall, ist eine lange Nacharbeit erforderlich – meist mit therapeutischer Begleitung. Der verlorene Respekt und der verlorene Selbstwert müssen mühsam aufgearbeitet werden. Eine Psychologin hat es mir so erklärt: Dieser Zustand reißt Wunden in unsere Seele, die genauso heilen müssen wie körperliche Wunden. Oft dauert der Prozess der Heilung genauso lange, wie der Prozess der Verletzung gedauert hat.

Hilfsbereitschaft als Tarnkappe der Respektlosigkeit

Fehlender Respekt muss sich nicht immer auf den ersten Blick zeigen. Oft suchen wir umsonst nach verbalen Tiefschlägen, Druck oder Drohungen. Es kann auch anders laufen. So ging es Frank, der gerade seinen neuen Job als Rezeptionist in einem großen Kongresshotel angetreten hat.

Bei allem Respekt: Gespielte Kollegialität

Frank hat nach vier Jahren als Concierge in einem namhaften Hotel den Aufstieg geschafft: Er darf ab sofort als Rezeptionist die Gäste empfangen und sie durch die Formalitäten des Ein- und Auscheckens geleiten. Das Team an der Rezeption verhält sich kooperativ und freundlich, wenngleich Frank bewusst ist, dass er sich bei manchen noch beweisen muss. Schließlich hat er keine einschlägige Ausbildung oder einen Abschluss einer Tourismusschule. Im internen News-

letter des Hotels wurde er als »Mitarbeiter des Monats« vorgestellt, der aufgrund von Fleiß und besonderem Einsatz seine neue Stelle antritt. Der Kollege, der ihn einschult, ist dienstälter und begegnet Frank mit auffallend aufgesetzter Höflichkeit. »Unser junger Kollege ist noch in der Einschulung«, grätscht er oft vorschnell dazwischen, wenn Frank ansetzt, Anfragen der Gäste zu beantworten. Zuerst wertet Frank es als besondere Hilfsbereitschaft, doch nach zwei Wochen hat sich noch immer nichts geändert. Der Kollege stellt sich stets vor Frank und spricht oft sogar für ihn. »Wir kümmern uns darum, nicht wahr, Frank? Wissen Sie, mein Kollege ist noch ganz neu in diesem Bereich!«
Am Ende des ersten Monats steht ein Feedbackgespräch mit dem Leiter des gesamten Servicebereiches an. »Wie man hört, ist das Ganze doch eine ziemlich große Nummer für dich«, eröffnet dieser die Unterhaltung. Mit einem Schlag ist Frank klar, dass die überzogene Hilfsbereitschaft seines Kollegen einen tieferen Grund hat: Er wird nicht für voll genommen, sein Kollege respektiert weder seine Leistung noch seine Lernbereitschaft. Und zur Krönung hat er damit auch bereits beim Vorgesetzten intrigiert.

Wir wissen oft nicht, warum sich unsere Mitmenschen derart verhalten. Meine Empfehlung ist, zerbrechen Sie sich nicht den Kopf darüber – ausgenommen, Sie gehören der Zunft der Psychologie an. Dann ist es interessant für Sie und Sie verfügen über das notwendige Fachwissen, um die pathologischen Hintergründe abklären zu können. Andernfalls können Sie natürlich Vermutungen anstellen, doch diese haben meist den Effekt, dass die Person noch mehr Raum und Macht in Ihrem Leben erhält. Frank wird vermutlich nie herausfinden, was den Kollegen zu seinem respektlosen Verhalten bewogen hat. Auf der breiten Skala ist zwischen persönlichen Motiven wie »Ich mag dich nicht!«, aber auch »Ich mag mich selbst nicht, und deshalb mag ich dich auch nicht!« oder Neidmotiven wie »Du hast etwas, das dir nicht zusteht, weil ich es auch nicht bekommen habe!« ist alles möglich.

Auch wenn wir dazu neigen, uns mit der Frage, warum jemand etwas tut, stundenlang den Kopf zu martern: Die Frage nach dem Warum ist für die Lösung des unangenehmen Zustandes zweitrangig, wenn Sie bemerken, dass kein Respekt Ihnen gegenüber vorhanden ist oder eine Person die Respektverhältnisse zu deren Gunsten drehen möchte.

Unabhängig davon, warum eine Person das tut und wie sie es anstellt – oft bemerken wir es zu spät oder tappen aus Freundlichkeit in die Falle. Ganz nach dem Motto: Weil nicht sein kann, was nicht sein darf. Das Bedürfnis nach Respekt mündet dann schließlich in Machtspielen, in denen es nur mehr darum geht, dem anderen und dem Umfeld seinen Status zu demonstrieren. Ich erlebe oft, dass Betroffene aus Höflichkeit den anderen gewähren lassen – so lange, bis dieser eine gewisse Grenze überschreitet. In Franks Fall war die Grenze überschritten, als er bemerkte, dass sein Kollege beim Vorgesetzten offensichtlich gegen ihn integrierte. Diese Eskalation öffnete ihm schließlich die Augen. Es gab keinen Respekt für ihn beim älteren Teamkollegen.

Wenn es um eine gute, langfristige Zusammenarbeit geht, ist Respekt eine Grundvoraussetzung. Es bedeutet, dem anderen Freiraum und Gestaltungsmöglichkeiten zu lassen, seine Meinung zu würdigen und ihm persönliche und fachliche Entwicklung zuzugestehen. Dasselbe gilt für private Beziehungen. Wenn wir gehen, verlassen wir Menschen, nicht Situationen oder Unternehmen. »Ich brauche eine neue Herausforderung!« oder »Ich werde einfach nicht verstanden!« liegt an den Personen, mit denen wir in Beziehung stehen. Sie könnten genauso gut sagen: »Wir haben uns auseinandergelebt.« In Wahrheit ist das ein Synonym für das Fehlen der genannten Grundvoraussetzungen. Ich habe es im eigenen Freundes- und Bekanntenkreis erlebt: Wenn Menschen aufhören, sich für den anderen zu interessieren und dessen Meinung – gerne auch kritisch – zu würdigen, wird die Beziehung dürr. Und wenn dazukommt, dass Personen ständig über sich selbst sprechen und über andere urteilen, zerbröckelt die Beziehung. Aussagen wie »Vor diesem Menschen habe ich keinen Respekt mehr«, habe ich besonders in Zeiten der fatalen Coronavirus-Diskussionen der Jahre 2020 und 2021 häufig zu Ohren bekommen, wenn in den Freundeskreisen und Familien im Umfeld wieder einmal ein Zeitgenosse verbal über die Stränge geschlagen hatte. Das Covid-Thema mutet überhaupt religiös an, wenn es darum geht, sich selbst als tolerant darzustellen, andere jedoch aufgrund ihrer scheinbar vollkommen fehlgeleiteten Meinungen zu verurteilen. Das bringt uns zu der wichtigen Frage, was bedeutet es eigentlich, jemandem den Respekt abzusprechen? In Fall von Coronadiskussionen wohl, ihm keine Achtung mehr zu schenken. Als soziale Wesen trifft es die meisten von uns hart, nicht mehr geachtet oder beachtet zu werden. Plötzlich geht es nicht mehr um die Sache, sondern um die Position. Wir beginnen, unsere Position zu festigen und zu verteidigen. Manchmal zementieren wir uns förmlich ein, nur um zu beweisen, dass wir recht haben – und die anderen unrecht. Wie ein angegriffener Leitwolf verteidigen wir mit aller Kraft unsere Stellung gegen wahrgenommene Konkurrenten. Oft geht dabei vollkommen der Fokus verloren, weil der Kampf um Respekt im Vordergrund steht. Liebe Leserin, lieber Leser, Sie ahnen es bereits: Die Form von Respekt, um die hier gekämpft wird, ist keine positive. Nur, wenn die Beziehung unkündbar ist, wird jetzt noch Respekt vorgeschützt – aus Harmoniebedürfnis, aus Vorsicht oder Angst vor Konsequenzen. Doch der Respekt ist nicht mehr echt und das zerstört die Beziehung von innen heraus. Menschen können trotzdem jahrelang weiter miteinander leben oder arbeiten, aber zumindest eine der beiden Seiten wird darunter leiden.

Achtung, giftiger Inhalt!

Die Beschriftung von Chemikalien ist klar reguliert. Sind Substanzen enthalten, die Mensch, Tier oder Natur schädigen können, so muss dies deutlich sichtbar auf der Verpackung vermerkt werden. Als Anwender wissen wir dann sofort: Verwenden wir das Produkt anders als vorgesehen, kann es Schaden anrichten. Deshalb trinken wir keinen Nagellackentferner und sprühen Unkrautvernichter nicht ins Rosenbeet. Auf wohlriechenden Kosmetikprodukten finden wir oft einen noch deutlicheren Vermerk: Nicht zum Verzehr geeignet! Ich muss gestehen, dass ich als Kind allen Warnungen zum Trotz einmal ein Stück von der duftenden Seife zu Hause abgebissen habe, weil ich mir nicht vorstellen konnte, dass sie nicht so himmlisch schmeckt, wie sie riecht. Diese kindlich-naive Tat rächte sich fast im selben Moment: Der Schock über den unfassbar ätzend-scharfen, ekelhaften Geschmack schnürte mir die Kehle zu. Ich spuckte, trank Wasser, doch nichts half. Erst nach Stunden erholte ich mich davon. Aus Scham über meine Dummheit wagte ich es erst Jahre später, meinen Eltern davon zu erzählen. Sie waren köstlich amüsiert und ich gespielt entrüstet, denn mit dieser Schmach musste ich fortan leben.

Nun gibt es natürlich Schlimmeres als kindliche Experimentierfreude. Jede und jeder von uns muss bewusst Warnungen missachten, Verbote ignorieren und eigene Erfahrungen machen. Das gehört zu einer gesunden Entwicklung und lässt uns obendrein erkennen, dass Eltern manchmal doch recht haben. Wir lernen, Vertrauen aufzubauen und Grenzen zu respektieren, weil wir einen Sinn darin sehen. Wir lernen, dass Warnungen und Regeln nicht gemacht wurden, um uns zu schikanieren – vorausgesetzt, wir wachsen in einem gesunden Umfeld ohne psychische Misshandlung auf. Denn genau hier trennen sich die Wege: Während Produkte, Medikamente, Lebensmittel und Filme per Gesetz auf Risiken hinweisen müssen, gibt es für Menschen keine Regulierung. Das bedeutet, wir sind ihnen ohne Vorwarnung ausgesetzt und müssen sehr schnell erkennen, ob eine Person gute oder schädliche Wirkung hat. Dafür entwickeln wir schon in frühester Kindheit hohe Sensibilität, doch sie ist immer geprägt von den Erfahrungen, die wir als »normal« gelernt haben. Wir orientieren uns an den Eltern und Autoritäten, dass sie uns sagen, was gut und böse ist. In den Protokollen der Nürnberger Prozesse und späteren Einvernahmen von nationalsozialistischen Verbrechern findet man häufig die Aussage, dass »in gutem Glauben« gehandelt wurde. Die schrecklichsten Verbrechen werden über die Genese einer Meinung argumentiert, die durch die eigenen Eltern, durch Lehrer und respektierte Personen der Gesellschaft geprägt wurde. Wider besseres Wissen hatte eine Masse von Menschen sich blenden lassen und in der Hoffnung auf eine bessere wirtschaftliche Lage das Gift der NS-Herrschaft aufgenommen. Wenn eine kritische Masse erreicht ist, werden Normen neu geprägt und Werte gebildet – auch, wenn sie das bisher Dagewesene konterkarieren. Ein Entrinnen aus derart toxischen Entwicklungen ist lebensgefährlich.

Die Frage, was Menschen dazu bringt, in solch einem respektlosen, menschenverachtenden Umfeld nicht nur zu bleiben, sondern sogar zu Mittätern zu werden, ist Thema vieler Forschungsprojekte. Eine der berühmtesten und meistbeachteten Studien ist jene von Stanley Milgram, der in den 1960er-Jahren an der Universität Yale Experimente mit Elektroschocks durchführen ließ. Den freiwilligen Probanden wurde gesagt, es handle sich um ein Lernspiel, bei dem sie Lehrer seien, den Lernenden Fragen stellen und die Lernenden diese beantworten müssten. Ist eine Antwort falsch, erhält der Lernende einen Elektroschock. Der Versuchsleiter, Professor und Autoritätsperson in weißem Arbeitskittel, wies die Probanden während des Experiments an, die Elektroschocks stetig zu erhöhen. Die Lernenden (sie spielten nur ihre Rolle und hatten ein Drehbuch) reagierten zuerst nur mit einem Grunzen, dann mit Beschwerden und verzweifelten Schreien, schließlich – bei 300 Volt – verstummten sie gänzlich. In dem Experiment waren zwei Drittel der Probanden bereit, noch darüber zu gehen, wenn die Autoritätsperson sie anwies.

Das Experiment wird rund um die Welt immer wieder reproduziert – mit geringfügigen Veränderungen, da das Setting damals psychologisch zweifelhaft war; viele der Probanden litten an Langzeitfolgen, da sie das Schuldgefühl, zum Mittäter geworden zu sein, nicht ablegen konnten. Dennoch zeigen Studien auch viele Jahrzehnte später, dass die Orientierung an Autoritäten und die Bereitschaft zum Gehorsam ungebrochen hoch ist. Das mildert in keiner Weise die verheerenden, monströsen Taten der Nationalsozialisten, doch es ist ein wissenschaftlicher Versuch, die Triebfeder des Gehorsams und Respektes zu erfassen. Milgram hatte das Experiment aufgrund der Berichte der jüdisch-deutschen Publizistin Hannah Arendt aufgesetzt, die in ihrer Publikation Eichmann in Jerusalem die »Banalität des Bösen« beschrieb. Stammtisch-Argumente wie »Damals waren die Leute halt noch nicht so gebildet« werden mit der stetigen Replikation solcher Experimente leider nichtig. Denn trotz hohem Bildungsgrad und einem nahezu uneingeschränkten Zugang zu Wissen und Informationen funktionieren die einfachen Mechanismen der Autorität. Um nicht in diese Gehorsamsfalle zu tappen, müssen wir uns immer die Frage stellen: Handeln wir respektvoll?

Es gibt keine gesetzlichen Warnhinweise für Menschen mit respektlosem Verhalten. Diese Verantwortung müssen wir selbst übernehmen und genau prüfen, welche Persönlichkeit in der rhetorischen Verpackung steckt. Seien es Politiker, Lehrende, Führungskräfte oder dominante Personen im Freundeskreis – hinterfragen Sie einmal mehr, was hinter einer Aussage steht und ob Sie folgen möchten. »Das also war des Pudels Kern!«, erkennt Doktor Faust in Johann Wolfgang von Goethes berühmtem Werk schließlich den Mephisto. Doch da ist es schon zu spät, denn er hat dem Teufel bereits unwissentlich Einlass in sein Studierzimmer gewährt.

Oft erfordert es Mut und unbequeme Entscheidungen, um giftige Verhältnisse aufzudecken. Selbst, wenn wir gar nicht das Gefühl haben, gezwungen zu werden, folgen wir aus freien Stücken einer Person oder einer Meinung, die den respektvollen Umgang miteinander konterkariert. Seien Sie achtsam – Sie können Nein sagen.

KLARTEXT

- **Oft erkennen wir nicht auf den ersten Blick, wenn der Respekt verloren geht. Die Beziehung bekommt an mehreren Stellen Risse.**
- **Besonders in konfliktbehafteten Situationen zeigen sich Mitmenschen manchmal gespielt respektvoll. Ausnehmende Höflichkeit oder Hilfsbereitschaft werden eingesetzt, um hinterher zu verurteilen.**
- **Autorität begünstigt Gehorsam. Menschen sind bereit, destruktiv zu handeln, wenn sie Befehle von legitimierten Personen wie Lehrende oder Vorgesetzte erhalten.**

Mehr Respekt – ab sofort

Achten Sie darauf, wenn Menschen Ihnen gegenüber ein ungewöhnliches Verhalten zeigen, zum Beispiel übertrieben hilfsbereit sind, sich in wichtigen Angelegenheiten vor Sie stellen oder gleich ganz offen Ihre Leistungen kleinmachen. Manche bringen sich selbst in eine überlegene Position – ähnlich einer Mutter- oder Vaterrolle – indem sie andere plakativ loben oder tadeln, ihnen den Arm um die Schultern legen oder bei der Begrüßung die Hand des Gegenübers wohlwollend tätscheln. Sie agieren dabei ganz im Stile von Präsidenten, wenn sie Staatsbesuche empfangen und ihren Status freundlich, aber deutlich zur Schau stellen. Wenn eine Person Sie mit einem derartigen Verhalten konfrontiert, reagieren Sie nicht trotzig, sonst nehmen Sie erst recht das Schema eines Kindes an und machen sich kleiner. Geben Sie lieber ein Kompliment zurück oder lenken Sie bewusst zurück zum Wesentlichen, das verleiht Ihnen natürlichen Respekt.

Beobachten Sie auch im Umgang mit anderen, auf welche Menschen Sie hören, wessen Meinung Sie übernehmen. Prüfen Sie, ob Aussagen oder Handlungen andere kleiner machen oder benachteiligen – Sie haben die Wahl, ob Sie mitmachen, egal, ob in der Familie, im Bekanntenkreis oder im Unternehmen. Je früher Sie unangemessenes Verhalten erkennen, desto einfacher ist es, sich deutlich abzugrenzen und Nein zu sagen.

4.
Respekt fängt bei uns selbst an

» *Respekt ist das, was bleibt, wenn außer dir keiner mehr im Raum ist.* «

Es war ein wundervoller Junitag. Die Sonne strahlte schon um sieben Uhr vom Himmel, als ich mich in dem schönen Schloss auf den Weg zum Frühstück machte. Ich freute mich auf einen Seminartag, den ich in einem herrlichen Ambiente exklusiv für eine kleine Gruppe Führungskräfte geben durfte. Vor dem Schloss wurde emsig aufgebaut – weiße Stühle und ein Bogen aus wundervollen Blumen, der sich im Wasser des angrenzenden Weihers spiegelte. Was für ein glückliches Brautpaar, das sich in diesem Ambiente das Ja-Wort geben darf.

Zu Mittag trafen die ersten Hochzeitsgäste ein. Mein Blick fiel auf einen großen braunen Nobel-SUV, der soeben über zwei Parkplätze eingeparkt wurde. Das wird wohl die Braut sein, dachte ich. Fehlanzeige. Aus dem Wagen stieg ein Paar in schöner Trachtenkleidung, doch beide wirkten ungepflegt. Sofort nach dem Aussteigen zündeten sie sich Zigaretten an. Ihr Umfeld beachteten sie kaum. Sie sahen auch nicht, dass schon mehrere Gäste einen Parkplatz suchten und langsam an ihnen vorbeifuhren – vermutlich in der Hoffnung, sie würden gleich wegfahren und die beiden Parkplätze freigeben. Seelenruhig rauchte das Trachtenpärchen seine Zigaretten fertig und warf die Kippen auf den fein gefegten Parkplatz vor dem Schloss. Ein Mitarbeiter des Schlosshotels eilte herbei und kehrte die Kippen weg. Die beiden würdigten ihn keines Blickes. Sie knallten die Autotüren zu und machten sich auf den Weg zur Trauung.

Ich war entsetzt über dieses Verhalten. Plötzlich freute ich mich nicht mehr für das Brautpaar, sondern hatte Mitleid. Wenn diese Menschen aus ihrer Verwandtschaft oder ihrem Freundeskreis waren, konnte das ja heiter werden. Einen derart respektlosen Umgang hatte ich schon lange nicht mehr gesehen. Bitte verstehen Sie mich nicht falsch – jeder darf leben, wie er oder sie möchte. Ich beschreibe hier meinen Eindruck mehrerer Merkmale der Optik und des Verhaltens. Möchte man Rückschlüsse auf die Persönlichkeit anstellen, nennt man das in der Fachsprache Clustern von Merkmalen. Das bedeutet, nicht aufgrund einer einzigen Tatsache eine Person zum Beispiel als dominant, als verschlossen oder als respektlos einzustufen. Wir clustern immer mehrere Punkte, um einen Eindruck erklären zu können. Bei diesem Paar kamen etliche Aspekte zusammen, die sich in ihrem rücksichtlosen Umgang mit der Natur und ihren Mitmenschen offenbarten. Mein Eindruck hier war, dass diese beiden Menschen sich selbst wenig Respekt zollten. Das übertrug sich in diesem Fall auf ihr Umfeld, das sie ebenfalls respektlos behandelten.

Das Haus der Seele

Unser Körper ist ein Wunder. Er schützt uns und trägt uns durchs Leben. Er ist dafür zuständig, dass wir sehen, hören, schmecken, riechen und tasten können. Dass wir spüren und empfinden können, dass wir Luft, Wasser und Nahrung aufnehmen und verwerten können. Wir können, sofern uns nichts einschränkt, sitzen, stehen, liegen, tanzen, springen, klettern, kriechen, schwimmen, turnen, tauchen und fast alles anstellen, wonach uns der Sinn steht. Diese Achtsamkeitsübung ist wichtig – oft ist uns gar nicht bewusst, wozu wir fähig sind und was unser Körper leistet.

Manche Menschen halten es wie in einem Computerspiel – als hätten sie mehrere Leben. »Der Körper ist das Haus der Seele. Sollten wir unser Haus nicht pflegen, damit es nicht verfällt?«, stellte Philon von Alexandria als rhetorische Frage. Der Philosoph wurde im Jahr 20 vor Christus geboren; so alt ist dieser Gedanke schon. Wenn wir uns im Klaren darüber sind, dass wir exakt ein Leben haben und dieses Leben exakt jetzt stattfindet, gehen wir vermutlich etwas sorgsamer mit unserem Körper um. Die Achtsamkeit sich selbst gegenüber ist eine Basis für Respekt anderen gegenüber. Wer sich selbst egal ist, schafft die erste Übung im Leben nicht – nämlich, für sich selbst Sorge zu tragen. Oder waren Sie schon einmal in einem Flugzeug, in dem bei den Sicherheitsinstruktionen erklärt wurde, Sie sollen sich zuerst um andere kümmern, bevor Sie sich selbst die Atemmaske aufsetzen?

Natürlich schlagen wir das eine oder andere Mal über die Stränge. In meinem Leben gab es Phasen, da war ich überzeugt, ich könne meinem Körper alles abverlangen und er habe einfach zu funktionieren. Frei nach dem Motto »Work hard, party hard« wurden oft die Nächte zum Tag, und zwar nicht nur am Wochenende. Partywütige Kollegen und Freunde sorgten dafür, dass die Musik – und leider manchmal auch der Alkohol – nie zu Ende gingen. Feiern, das konnten wir! Auch, wenn die Tage danach oft sehr hart waren. Denn unsere Jobs vernachlässigten wir niemals. Nach einiger Zeit stellte ich fest, dass das Regenerieren nach solchen Nächten immer länger dauerte. Zudem hatte sich ein ungebetener Gast in meine Seele eingeschlichen: Ich begann, mich nach langen Nächten traurig und leer zu fühlen. Als es das erste Mal passierte, wusste ich nicht, was los war. Es war ein Samstag im Frühherbst, mein Mann und ich hatten eine Wanderung geplant. Am Abend davor waren Freunde zu Besuch gewesen. Es war einer der letzten lauen Terrassenabende, von denen man sich wünscht, sie würden niemals zu Ende gehen.

Als am jenem Morgen der Wecker klingelte und die Sonne bereits einen herrlichen Wandertag ankündigte, war mein erster Gedanke: Ich kann nicht. Ich kann und will nicht aufstehen. Warum, konnte ich mir selbst nicht erklären. Ich war traurig, hatte keine Perspektive, wollte nur schlafen. »Du siehst ja total niedergeschlagen aus«, bemerkte mein Mann besorgt. Mir war es vollkommen egal. Ich wollte nur einen dunklen Raum und mich verkriechen. Erst nach Stunden erholte ich mich. Leider nahm ich diesen kleinen Zwischenfall nicht ernst – schließlich durfte das Leben nicht nur aus harter Arbeit bestehen, sondern sollte auch genügend Zeit zum Feiern bereithalten. Es sollte noch einige Male passieren, bis ich es begriff: Der Lifestyle »Work hard, party hard« war zu viel für meinen Körper und letztlich auch für meine Seele.

Schritt für Schritt kürzte ich die Partyabende und achtete auf regelmäßigen Schlaf. Ich ging offen damit um und erzählte, dass es mir nicht gut ging, wenn der Abend zu lange dauert. Das war nicht immer einfach. Sobald ich mich startklar zum Aufbruch machte, wurden Überredungskünste der Sonderklasse ausgepackt. Wenn Worte nicht halfen, wurde just in diesem Moment noch eine Flasche Wein geöffnet oder eine Mitternachtsjause zubereitet. »Jetzt könnt ihr aber noch nicht gehen!«, lautete die vorwurfsvolle Devise. Es war und ist schwierig, konsequent zu bleiben. Die Stimmung ist ausgelassen, man unterhält sich prächtig. Wer will genau zu diesem Punkt Schluss machen? Ich will es nicht. Aber ich tue es. Aus Respekt vor meinem Körper und meiner Seele. Manche Kontakte musste ich reduzieren, um auf mich selbst zu achten. Ein Gastgeber weigerte sich einmal, den Schlüssel für die Wohnungstüre herauszurücken. Es kam zu einer sehr unangenehmen Auseinandersetzung. Der Kontakt wurde danach nie wieder so, wie er war. Heute können wir uns über diese Anekdote amüsieren, doch damals war es für alle geladenen Gäste sehr peinlich. Ich war dort nie wieder zu Besuch.

In diesem Fall sind es zwei Aspekte, die es zu berücksichtigen gilt: Der eine bedeutet, mich selbst, meinen Körper und meine Seele wertzuschätzen und gut zu behandeln. Der andere bedeutet, mich mit Menschen zu umgeben, die mich respektieren und meine Wünsche achten. Menschen, die bereit sind, zuzuhören und nachzufragen, die helfen und unterstützen, statt nur aus ihrem Ego heraus zu agieren. Wenn in einer Beziehung eine Seite versucht, mehr für sich herauszuholen, sollten die Alarmglocken läuten. Wenn jemand mit Gewalt seinen Willen durchzusetzen möchte und dabei persönlich und angriffslustig wird, dann ist tatsächlich Feuer am Dach. Oft ist es ein schleichender Prozess. Wir gehen von uns selbst aus und wollen nicht wahrhaben, dass uns manche Menschen für ihre Zwecke ausnützen. Doch das möchte ich mit Ihnen teilen: Handeln Sie! Auch, wenn es wehtut und Sie die Konsequenzen fürchten. Trennen Sie sich von solchen Personen. Ich habe übrigens noch nie schlimme Konsequenzen ertragen müssen, meine Befürchtungen haben sich stets als haltlos erwiesen. Die einzige Konsequenz: Ich fühle mich besser, weil ich mich auf jene Beziehungen und Freundschaften konzentriere, die mir guttun.

Den Blick auf andere richten: Respekt und Altruismus

Geben ist seliger als nehmen, wird bereits in der Bibel proklamiert. Doch im Kern müssen wir auf uns selbst achten, soviel ist klar. Wo liegt also die Grenze? In der Philosophie wird als Gegenbegriff zum Egoismus der Altruismus geführt. Während der Egoismus die Ich-Bezogenheit und das alleinige Achten auf sich selbst vor allen anderen meint, versteht man unter Altruismus die Selbstlosigkeit und Rücksicht auf andere. Auf andere zu achten, etwas zu geben und sich keinen Nutzen davon zu erwarten, ist eine Stufe, die man im religiösen Sinne unter Nächstenliebe einstufen würde. Eine Geschichte, die mich auch philosophisch immer bewegt hat, ist das Gleichnis des barmherzigen Samariters. Es ist zwar in der Bibel zu finden, doch Barmherzigkeit ist für alle Weltreligionen ein grundlegender Wert, um selbst zur Erfüllung zu gelangen. Im Islam stellt sie eine der fünf Säulen dar. Ein Gelehrter erklärte es mir so: »Wenn du nicht barmherzig bist, wirst du auch keine Barmherzigkeit bekommen. Wir Muslime sind sogar dazu verpflichtet.« Der Buddhismus und die indischen Religionen ordnen die Barmherzigkeit als Mitgefühl ein. Im Buddhismus ist Mitgefühl einer der vier grenzenlosen himmlischen Geisteszustände – neben Mitfreude, Gleichmut und Liebe. Im Judentum wird Barmherzigkeit als eine der herausragendsten Eigenschaften Gottes beschrieben. Das hebräische Wort dafür heißt »rachamim« und bedeutet Gebärmutter oder Mutterschoß. Damit wird die lebensspendende Mütterlichkeit ausgedrückt, eine Geborgenheit, die frei von Angst ist und in der ein Mensch sich entwickeln kann.

Der barmherzige Samariter

Und siehe, ein Gesetzeslehrer stand auf, um Jesus auf die Probe zu stellen, und fragte ihn: Meister, was muss ich tun, um das ewige Leben zu erben? Jesus sagte zu ihm: Was steht im Gesetz geschrieben? Was liest du? Er antwortete: Du sollst den Herrn, deinen Gott, lieben mit deinem ganzen Herzen und deiner ganzen Seele, mit deiner ganzen Kraft und deinem ganzen Denken, und deinen Nächsten wie dich selbst. Jesus sagte zu ihm: Du hast richtig geantwortet. Handle da-

nach und du wirst leben! Der Gesetzeslehrer wollte sich rechtfertigen und sagte zu Jesus: Und wer ist mein Nächster?

Darauf antwortete ihm Jesus: Ein Mann ging von Jerusalem nach Jericho hinab und wurde von Räubern überfallen. Sie plünderten ihn aus und schlugen ihn nieder; dann gingen sie weg und ließen ihn halb tot liegen. Zufällig kam ein Priester denselben Weg herab; er sah ihn und ging vorüber. Ebenso kam auch ein Levit zu der Stelle; er sah ihn und ging vorüber. Ein Samariter aber, der auf der Reise war, kam zu ihm; er sah ihn und hatte Mitleid, ging zu ihm hin, goss Öl und Wein auf seine Wunden und verband sie. Dann hob er ihn auf sein eigenes Reittier, brachte ihn zu einer Herberge und sorgte für ihn. Und am nächsten Tag holte er zwei Denare hervor, gab sie dem Wirt und sagte: Sorge für ihn, und wenn du mehr für ihn brauchst, werde ich es dir bezahlen, wenn ich wiederkomme. Wer von diesen dreien meinst du, ist dem der Nächste geworden, der von den Räubern überfallen wurde? Der Gesetzeslehrer antwortete: Der barmherzig an ihm gehandelt hat. Da sagte Jesus zu ihm: Dann geh und handle du genauso!

Die meisten Menschen kennen diese Geschichte aus dem Religionsunterricht. Mir ging es ebenso. Deshalb war ich als Studentin wenig begeistert, als im Fach Philosophie für Wirtschaftswissenschaften mein Professor das Gleichnis auspackte. »Nicht schon wieder!« war mein erster Gedanke. Er teilte uns den Text aus und bat uns, ihn in Ruhe durchzulesen. Danach sollten wir kleine Gruppen bilden und darüber diskutieren. Er übertrug die Situation in die Gegenwart und stellte uns folgende Frage: »Was würden Sie tun, wenn Sie mit dem Auto unterwegs sind und einen Verletzten auf der Straße liegen sehen? Niemand sonst ist da, nur Sie und der Verletzte. Keiner sieht, ob Sie weiterfahren oder stehenbleiben und helfen.« Wir begannen zu diskutieren. Die erste Reaktion war: »Natürlich helfen!« Doch dann kam Skepsis auf. Was, wenn es ein Trick ist? Was, wenn ich unter Zeitdruck stehe und mein Kind vom Kindergarten abholen muss? Was, wenn ich Alkohol getrunken habe und niemand erfahren darf, dass ich mit dem Auto unterwegs bin? Unterschiedliche Szenarien entwickelten sich. Plötzlich war es gar nicht mehr so selbstverständlich, zu helfen. Stattdessen wurden Ausreden überlegt, warum es – nur dieses eine Mal – leider nicht möglich war. In erstaunlich kurzer Zeit befanden wir uns in einer regen Diskussion, wie es zu rechtfertigen sei, dass man eben nicht immer helfen könne. In einigen der Grüppchen entfachte sich sogar Streit. Mit dem Finger zeigte man auf jene, die sich offen zum Nichthelfen bekannten, nur um gleich darauf mit hängenden Schultern einzugestehen, dass das Argument »Es könnte ein Trick sein!« wirklich berechtigt ist.

Nach zwanzig Minuten beendete der Professor das Experiment und fragte, zu welcher Erkenntnis wir gekommen seien. Er wollte wissen, welches Verhalten wir als richtig und welches als falsch einstufen. Noch immer von den Emotionen des Experimentes ergriffen, ging die Diskussion im Plenum weiter. Wir kamen zu keiner klaren Antwort. An diesem Tag wurde mir klar, dass Altruismus nicht selbstverständlich ist – auch nicht für sogenannte »Gutmenschen« oder für jene, die schon von Berufs wegen im Dienst anderer stehen, wie Geistliche, Ärzte, Rettungs- oder Pflegekräfte. Altruismus ist eine Entscheidung, die wir immer wieder neu bewerten und treffen müssen. »Seine Grundsätze soll man für die wenigen Augenblicke in seinem Leben aufsparen, in denen es auf Grundsätze ankommt. Für das meiste genügt ein wenig Barmherzigkeit«, soll der französische Schriftsteller Albert Camus einmal gesagt haben. Wie würden Sie entscheiden?

Den Blick auf andere zu richten, deren Bedürfnisse zu erkennen und auch zu handeln, das ist die Basis für einen altruistischen Lebensstil. Das bedeutet nicht, sich selbst zu vergessen oder gar die Bedürfnisse anderer über die eigenen zu stellen – denn das würde zur Aufopferung oder gar Selbstaufgabe führen. Es kommt auf das Handeln zum wesentlichen Zeitpunkt an. Es kommt darauf an, ob ich stark genug bin, im Augenblick eine Entscheidung zu treffen und dahinter zu stehen. Zu warten erhöht den Zweifel. Das heißt, je länger wir zögern, desto geringer ist die Wahrscheinlichkeit, dass wir beherzt zugreifen und handeln. Ein ähnliches Phänomen kennen wir aus Diskussionen oder Meetings mit mehreren Teilnehmenden: Eigentlich hätten Sie etwas zu sagen, aber es wird gerade so hitzig debattiert, andere sind am Wort – wie sollen Sie sich da durchsetzen? Und überhaupt: Was, wenn die Frage blöd ist oder bereits beantwortet wurde? Vielleicht haben Sie ja nicht aufgepasst? Am Ende finden Sie es zu unbequem und sagen einfach nichts. Hier kommt der Respekt ins Spiel: Nicht nur die anderen haben es verdient, Ihren Beitrag zur Diskussion zu hören, sondern Sie selbst haben es verdient, gehört zu werden. Den Blick auf andere zu richten und sich dabei selbst auszudrücken, das ist echte Wertschätzung.

Respekt aus der 360°-Perspektive

Es sind nicht nur Menschen und deren Bedürfnisse, denen wir Achtsamkeit schenken sollten. Wer Respekt aufbauen möchte, kommt nicht umhin, alle Sinne zu öffnen und umfassend wahrzunehmen. Genauso, wie unser Körper begrenzte Ressourcen hat, aus denen wir achtsam schöpfen sollten, ist es mit unserer Lebensgrundlage. Wir haben nur eine Erde, die über begrenzte Ressourcen verfügt. Dennoch handeln wir so, als wären sie unbegrenzt. Vor einiger Zeit lief eine breit angelegte Medienkampagne, in der es darum ging, weniger Lebensmittel zu verschwenden. Mit erschreckenden Bildern wurde gezeigt, wie Tonnen wertvoller, frischer Nahrung im Müll landen. Pro Kopf wurden im Jahr 2020 in Deutschland achtundsiebzig Kilogramm Lebensmittel weggeworfen, zeigt eine Erhebung des Statistischen Bundesamtes. In anderen Ländern ist es ähnlich. Weltweit wird etwa ein Drittel der erzeugten Nahrungsmittel vergeudet, ein Großteil davon in Privathaushalten und im Handel. Doch auch in der Gastronomie wird verschwendet, dass es schmerzt. Ich habe in Urlaubshotels beobachtet, wie an Buffets halb volle Platten mit fein zubereiteten Speisen weggeworfen und durch volle ersetzt wurden, um den Gästen durchgehend das Bild der vollen Auswahl zu vermitteln. Einmal habe ich sogar nachgefragt, warum die Speisen gleich weggeworfen und die Platten nicht wieder aufgefüllt werden. Die pragmatische Antwort: Das sei während des Buffetbetriebes zu viel Arbeit, die Platten seien schon vorbereitet.

Wer selbst Obst und Gemüse anbaut oder Fleisch produziert, weiß, wie viel Arbeit in der gesamten Produktionskette steckt. Gemüse aus dem eigenen Garten behandeln wir wertschätzender als jenes aus dem Supermarkt. Schließlich haben wir es mit Liebe großgezogen und selbst geerntet. Bei der Fleischproduktion ist es noch einmal anders: Hier werden Lebewesen getötet. Das Wort »Fleischproduktion« ist für mich ein Euphemismus, der von dieser unschönen Tatsache ablenken soll. Ich bin selbst Anglerin und erlebe mit allen Sinnen, was es bedeutet, einen Fisch an Land zu bringen – vom Adrenalin des Drills bis zum Abschlagen, Ausnehmen und Filetieren des Fisches. Der selbst gefangene und zubereitete Fisch macht mir klar, dass mein Genuss einen Preis hat. Ich empfinde tiefen Respekt vor der Natur, die mir diese Möglichkeit schenkt.

Besuche ich hingegen die Frischfischtheke beim Produzenten meines Vertrauens, so wähle ich bereits aus den Produkten, der Preis ist nur mehr monetär. Je weiter die Fertigungsstufe, desto mehr distanzieren wir uns vom Ursprung – wer denkt bei Fischstäbchen noch an den Fisch selbst? Wenn ich mit meinen Studierenden Experimente zur Assoziation mache, kommen bei den meisten Lebensmittel Attribute, die wir aus der Werbung kennen. Was fällt Ihnen spontan ein, wenn Sie an Fischstäbchen denken? Oder an Chicken Nuggets? Wohl kaum das Tier selbst und die Umgebung, aus der es kommt. Von der Tötung ganz abgesehen. Wir dürfen uns nicht wundern, wenn keine Wertschätzung vorhanden ist. Zum einen haben die meisten von uns das große Glück, keinen Mangel erleben zu müssen. Lebensmittel sind zu jeder Zeit im Überfluss verfügbar. Zum anderen können wir uns mit der Herkunft und Geschichte der Lebensmittel nicht identifizieren. Der Konsum ist eine abstrakte Handlung und häufig von anderen Handlungen begleitet.

Wenn ich reise oder Restaurants besuche, beobachte ich gerne die Menschen um mich. Vermutlich bin ich nicht allein mit der Feststellung, dass eine große Anzahl der Restaurantgäste während des Essens ihre Smartphones nicht nur auf dem Tisch liegen hat, sondern auch benutzt. Genauso verhält es sich mit dem Pausensnack auf der Parkbank oder dem Stück Pizza am Bahnhof. Parallel zur Nahrungsaufnahme nehmen wir Information und Unterhaltung über das Smartphone auf. Der Prozess ist gekoppelt – genauso wie ein Raucher die Zigarette zum Kaffee braucht. Kaffee ohne Zigarette? Unvorstellbar. Essen ohne Smartphone? Unvorstellbar. Mein Mann und ich haben im letzten Urlaub eine Familie am Nebentisch beobachtet, Eltern und zwei Kinder im Grundschulalter: Beide Elternteile am Handy, vertieft in den Jahrmarkt der Social-Media-Eitelkeiten, die Kinder am Tablet, vertieft in Videos – vermutlich, damit sie sich nicht langweilen. Die Speisen wurden achtlos in den Mund geschoben, der Rest abserviert und entsorgt. »Hat es Ihnen geschmeckt?«, fragte die freundliche Kellnerin. »Sehr gut«, antworteten die Eltern unisono und wie Roboter – ohne aufzusehen. Die ganze Familie wirkte ferngesteuert. Nur das Mädchen schaute ab und zu auf. Als sich unsere Blicke trafen, lächelte sie mich an. Sie wirkte, als suche sie Unterhaltung außerhalb ihrer Tablet-Matrix. Schade, denn ihre Familie bemerkte es gar nicht.

Ich möchte hier keine Moralpredigt halten. Auch in meiner Familie sind nicht immer alle zu jedem Zeitpunkt voll bei der Sache. Doch was das gemeinsame Essen betrifft, haben wir einen Handyparkplatz. Am Tisch gibt es kein Handy. Nicht einmal, wenn jemand etwas nicht weiß und man unbedingt sofort Dr. Google um Rat fragen möchte. Für mich ist Essen mit Genuss und guten Gesprächen gekoppelt. Wir alle gehen unserer Tätigkeit nach und sehen uns den ganzen Tag nicht. Am Abend ist die Zeit zum Genießen und Reden. Gäste finden diese analoge Tischkultur oft ungewohnt. »Das wäre bei uns unmöglich!« habe ich nicht erst einmal zu hören bekommen. Doch, es ist möglich. Aber es ist eine Entscheidung, deren Umsetzung am Anfang etwas unbequem ist. Wir wollen neben den guten Gesprächen auch mit dem bewussten Genuss des zubereiteten Mahles dem Essen Respekt zollen.

Die Achtung vor den Lebensmitteln ist eng mit der Achtung vor der Natur verbunden. Ich empfinde einfach Dankbarkeit, wenn ich draußen bin. Dankbarkeit, an einem der schönsten Orte der Welt leben zu dürfen. Wir haben die beste Luft, das reinste Wasser, traumhafte Wälder, Berge und Seen – alles in kurzfristiger Erreichbarkeit. Eine Bergwanderung mit zünftiger Hüttenjause und atemberaubendem Panorama, danach im Tal ein Sprung in den türkisblauen See. Diese Kombination ist einzigartig und macht mich zutiefst glücklich. Der Wunsch, diese Natur zu bewahren, entsteht dabei ganz von selbst.

Bevor Sie nun denken, ich sei in die radikale Öko-Liga eingestiegen – kehren wir zurück zum ursprünglichen Thema. Respekt fängt bei uns selbst an. Er beginnt damit, bewusst mit dem eigenen Körper umzugehen, ihn zu pflegen und wertzuschätzen. Der Körper ist das Haus unseres Geistes, und die äußere Haltung und Pflege wirkt sich auch auf die innere Haltung aus. Selbstachtung oder Selbstwert ist aus Sicht der Psychologie die Bewertung, die man an sich selbst vornimmt. Menschen mit einem hohen Selbstwertgefühl erwiesen sich in Studien offenherziger, beziehungs- und konfliktfähiger sowie leistungsfähiger und zufriedener. Ist das Selbstwertgefühl gering, muss ständig kompensiert werden – oft zu Lasten von Kolleginnen und Mitarbeitenden im Unternehmen. Eine Erfahrung, die auch Melanie machen musste.

Bei allem Respekt: Ausgestochen

Es ist der erste Kundentermin, den Junior-Beraterin Melanie gemeinsam mit ihrem Vorgesetzten Lorenz absolviert. Sie soll das Projekt zur Optimierung der IT-Struktur künftig leiten und erste Ansprechpartnerin für den Kunden sein. Melanie ist erst seit zwei Wochen im Unternehmen und hatte von Anfang an das Gefühl, Lorenz versuche, sie kleinzuhalten. Vor dem Termin gibt Lorenz ihr ein Briefing und erklärt Melanie, sie solle sich in Acht nehmen. »Herr Diehle wird dich auf Herz und Nieren prüfen, also sieh dich vor«, warnt er vor dem vermeintlich schwierigen Kunden. Mit gemischten Gefühlen betritt sie an Lorenz' Seite den Meetingraum. Lorenz begrüßt Herrn Diehle auf das Herzlichste, startet so-

fort ausgiebigen Small Talk und lässt Melanie im Raum stehen. Sie weiß nicht, wie sie sich verhalten soll. Nach einigen sich endlos anfühlenden Minuten geht Sie auf Herrn Diehle zu und stellt sich selbst vor. Herr Diehle begrüßt sie kurz und widmet sich dann wieder dem Gespräch mit Lorenz, das inzwischen bei privaten Urlaubsempfehlungen angelangt ist.
Als die Präsentation beginnt, übernimmt Lorenz den Einstieg und macht keine Anstalten, das Wort an Melanie zu übergeben. Kraftlos lehnt diese sich nach einiger Zeit zurück – es hat keinen Sinn, sich ans Wort zu kämpfen. Die Fragen nach der Präsentation sind natürlich an Lorenz gerichtet, der sie geflissentlich beantwortet. Auf dem Weg zurück zur Firma lehnt Lorenz sich selbstzufrieden auf dem Beifahrersitz zurück. »Ist doch toll gelaufen, oder? Der Diehle ist ja ein ganz umgänglicher Typ, wenn man weiß, wie man ihn nehmen muss!« Melanie konzentriert sich auf die Straße. Sie fühlt sich derart herabgesetzt und aus dem Spiel gedrängt, dass ihr die Worte fehlen.

Als Melanie in einem Seminar diese Geschichte erzählte, nickten die anderen Teilnehmenden verständnisvoll. Es handelt sich um ein Phänomen, das nicht selten auftritt: Eine Person versucht, sich um jeden Preis zu profilieren. Der Fokus beschränkt sich auf das Gegenüber und darauf, nur ja keinen anderen stark werden zu lassen. Menschen mit geringem Selbstwert brauchen die Bestätigung von außen, und jede Störung ist dabei unwillkommen. Lorenz lässt Melanie außen vor – nach allen Regeln der Kunst. Für Melanie ist es in dieser Situation schwierig, Land zu gewinnen. Sie ist neu im Unternehmen und Lorenz ist ihr Vorgesetzter. Ihn in Anwesenheit des Kunden zu unterbrechen und auf sein Verhalten hinzuweisen wäre ein absolutes No-Go. Melanie ist Teil eines Machtspieles geworden und muss strategisch agieren. Sonst wird sie hin- und hergeschoben wie eine Spielfigur und hat keine Chance mehr. Wie viel Selbstwertgefühl hat Melanie? Davon hängt ab, wie sie sich in diesem perfiden Spiel verhält. Geht sie mit dem Selbstverständnis der zukünftigen Projektleiterin zu dem Termin, wirkt ihr gesamtes Auftreten anders, als wenn sie die Abfolge und Anmoderation Lorenz überlässt. Ihre Haltung ist aufrecht, sie spricht auch ungefragt und stellt sich souverän vor. Sie nimmt sich den Raum, der ihr Kraft ihres Status' als Projektleiterin zusteht.

Klingt einfach? Ist es nicht, das wissen wir alle. Gerade zu Beginn einer Beziehung, sei sie beruflich oder privat, steht die Harmonie im Vordergrund. Die meisten Menschen sind so sozialisiert, dass sie sich erst einmal um ein gutes Auskommen bemühen. Nicht unbedingt, weil sie wollen, sondern weil es die Höflichkeit vorgibt. Diese vornehme Zurückhaltung machen sich Typen wie Lorenz zunutze und drängen sich in den Vordergrund. Das ist doppelt perfide, denn so hat auch der Kunde kaum die Option, nicht mitzuspielen. Herr Diehle muss praktisch in den Small Talk einsteigen, so erfordert es die geschäftliche Etikette. Wobei er ohne Weiteres die Aufmerksamkeit auf Melanie hätte lenken können. Hat er aber nicht. Es liegt an Melanie, das Heft in die Hand zu nehmen – so unbequem diese Tatsache auch ist.

Das möchte ich Ihnen mitgeben, liebe Leserin, lieber Leser: Erwarten Sie nicht, dass Ihnen jemand anders freimütig und altruistisch die Bühne überlässt. Altruismus ist eine Form des Handelns, die Selbstwert und Respekt voraussetzt. Nicht jeder Mensch agiert so, denken Sie an die Diskussion über den barmherzigen Samariter. Wir wähnen uns zwar als hilfsbereit und respektvoll, doch wenn es darauf ankommt, klopft unser Ego mit aller Deutlichkeit an die Türe. Dann ist es eine bewusste Entscheidung, anders zu handeln. Was uns jedoch dabei hilft, diese Entscheidung zu treffen, ist der Umgang mit uns selbst. Ich denke noch oft an die beiden schmuddeligen Hochzeitsgäste zurück, von denen ich Ihnen zum Beginn dieses Kapitels erzählt habe. Sie wirkten gleichgültig, ja nachlässig – so, als wäre ihnen ihr Körper, ihre Gesundheit und ihr Lebensstil einfach egal. Kein Funke der Wertschätzung war zu erkennen. Würden die beiden helfend eingreifen, wenn eine Situation es erfordert? Ich fürchte nicht. Achten wir deshalb auf uns und schärfen wir unsere Sinne für das, was uns selbst und anderen guttut.

KLARTEXT

- **Die Beziehung, die wir zu uns selbst haben, bestimmt unseren Selbstwert und die Beziehung zu anderen.**
- **Alles, was unser Leben ausmacht, von unseren Mitmenschen über die Natur bis hin zu den Lebensmitteln, die wir konsumieren, ist ein Privileg, über das wir verfügen. Oft sind wir uns dessen gar nicht bewusst und lenken uns ab, statt achtsam zu sein.**
- **Bewusst und im Sinne anderer zu handeln, ist eine Entscheidung, die Selbstwert und Respekt voraussetzen. Sie beruht auf dem individuellen Wertekonstrukt einer Person und kann nicht vom eigenen Verständnis abgeleitet werden.**

Mehr Respekt – ab sofort

Nehmen Sie gleich heute genau unter die Lupe, was Sie umgibt: Ihre Umwelt, Ihre Nahrung, Ihr Partner, Ihre Kinder – und Sie selbst. Machen Sie bewusst nur eine Sache zu einem Zeitpunkt. Das ist in Zeiten von Multitasking und permanentem Informationsfluss schwierig, aber essenziell, um den Fokus auf das Wesentliche zurückzugewinnen. Wenn wir uns selbst und das, was wir gerade tun, nicht mehr wahrnehmen können, verlieren wir Klarheit in der Kommunikation. Deshalb: eine Sache tun, dann die nächste.

Machen Sie sich vor jedem Termin oder Gespräch deutlich, welche Rolle Sie haben und was Ihr Ziel ist. Agieren Sie aus dem Selbstverständnis, das dieser Rolle innewohnt und setzen Sie Ihren Fokus auf das zu erreichende Ziel. Das verleiht Ihnen Klarheit und Ansehen in Meetings.

Erwarten Sie in Gesprächssituationen nicht, dass andere Ihnen freiwillig den Vortritt lassen oder altruistisch handeln. Machen Sie den ersten Schritt, wenn Ihnen etwas wichtig ist – das ist Wertschätzung und Respekt sich selbst gegenüber.

Teil II –
Respekt, die helle Seite der Macht

5.
Rollenspiele im Alltag:
Von Opferlamm bis Scharfrichter

»

Vorsicht du walten lassen musst, wenn in die Zukunft du blickst, Anakin. Die Furcht vor Verlust ein Pfad zur Dunklen Seite ist.

Meister Yoda, Jedi-Meister
(aus »Star Wars – Episode 3«)

«

Die Beziehungen zwischen Lebewesen sind so vielseitig, dass es schwierig ist, sie einzuordnen. Dass wir einen natürlichen Trieb haben, unseren Willen durchzusetzen, wurde vielfach belegt. Wir brauchen dieses Verhalten, um unser Überleben zu sichern und innerhalb eines sozialen Gefüges für Sicherheit zu sorgen. In der Wissenschaft forscht man vor allem aus Sicht der Psychologie, der Soziologie, der Biologie und der Verhaltensökonomie rund um das Thema Dominanz und Unterordnung. Einen tiefen Blick in die Analyse von Verhaltensmustern gibt der Psychiater Eric Berne. Entgegen der in der Zeit der 1960er-Jahre verbreiteten Praxis, den Patienten einen Seins-Zustand vorzuschreiben, hörte er aktiv zu und versuchte, sich ein Bild von der Person zu machen. Dabei entdeckte er verschiedene Ich-Zustände, aus denen heraus Menschen kommunizieren und agieren. Berne fand heraus, dass in jedem Menschen ein Kindheits-Zustand steckt, der ihn prägt – übrigens viele Jahrzehnte bevor der Trend rund um das »innere Kind« entstand. Nach außen gibt der Mensch meist den rationalen Erwachsenen-Zustand oder den lehrenden, zurechtweisenden Eltern-Zustand vor.

Spiele der Erwachsenen

Eric Berne identifizierte verschiedene Spiele, die wir als Erwachsene spielen, um unsere Bedürfnisse zu befriedigen. Dabei geht es nicht um lustige Spiele, sondern um solche, die aus der Gewohnheit, aus dem Kindheits-Ich heraus entstanden sind und in der Regel nicht hinterfragt werden. Diese Spiele, zum Beispiel Streit in Beziehungen, laufen immer nach dem gleichen Muster ab. Der Spielgewinn: Negative Gefühle und Distanz. Dabei ist dieser Spielgrad noch gesellschaftlich vertretbar. Steigt der Grad des Spiels, etwa bei Narzissmus oder Alkoholsucht, versuchen die beteiligten Akteure, es vor der Gesellschaft verdeckt zu halten. Im höchsten, dritten Grad der Spiele entstehen nicht mehr umzukehrende Schäden wie Kränkungen oder Verletzungen.

Viele dieser Erwachsenenspiele dienen dazu, Aufmerksamkeit und Respekt zu bekommen. Je nach Kindheit bekamen wir positive oder negative Aufmerksamkeit – beides ist für ein Kind besser, als gar keine Aufmerksamkeit zu bekommen, denn in diesem Fall würde es zugrunde gehen. Als Erwachsene streben wir weiterhin nach Aufmerksamkeit, auch in Form von Respekt. Wir können nicht ohne Aufmerksamkeit, ohne Wahrnehmung durch die anderen leben, sie ist uns ein psychologisches Grundbedürfnis, und zwar bei jedem Menschen. Um Aufmerksamkeit zu bekommen, äußern wir jedoch nicht klar unsere Wünsche, sondern wir schwindeln, verschleiern sie oder stiften Verwirrung. Am einfachsten ist es, wenn wir bei unserem Gegenüber einen Schwachpunkt finden oder bereits kennen. An diesem haken wir ein und je nach Vorliebe schlüpfen wir in die Rolle des Täters, des Opfers oder des Retters. Das Dramadreieck ist eröffnet und bietet nur Wissenden und Geübten die Möglichkeit des Entkommens. Alle anderen spielen unfreiwillig mit.

Deshalb, liebe Leserin, lieber Leser, schauen wir uns gemeinsam an, welche Rollenspiele in der Erwachsenenwelt am häufigsten stattfinden – damit Sie das Ruder noch herumreißen oder das Boot im Sturm bei Bedarf verlassen können.

Spiel 1: Mir hilft ja keiner!

Eine häufig praktizierte Art, Aufmerksamkeit und Respekt zu bekommen, ist es, gleich von sich aus die Opferrolle einzunehmen, um andere zu Tätern zu machen. Sie erkennen das Spiel an Aussagen wie »Ich wäre ja längst fertig, wenn ich nicht alles allein machen müsste!« Körpersprachlich untermalen diese Menschen ihre Botschaft mit hochgezogenen Schultern und einer vorwurfsvollen Stimme. Das Opferlamm blökt verzweifelt. Gegenüber anderen zeigt es gerne übertriebenen Aktionismus: »Zuerst kümmere ich mich um die Post, danach habe ich die Tagesplanung zu erledigen und Müller wartet auch schon auf seine Dokumente. Bis Mittag bin ich hoffentlich fertig, weil da muss ich ...« Vermutlich geht es Ihnen wie mir – bereits beim Zuhören wird mir schwindelig und ich mache mir Sorgen, dass ein Mensch, der so redet ein sofortiges Burn-out bekommt.

Was will uns aber so jemand tatsächlich mit seinen Worten sagen? Ist es nicht eher ein »Ich muss mich kümmern, ich muss machen, ich, ich, ich!? Und ist da nicht auch etwas enthalten von »Die anderen – tja, die sind nicht so umsichtig. Sie könnten mich gerne unterstützen, aber keiner bietet sich an!«

Hier zeigt sich das Besondere dieser Spielart: Der versteckte Vorwurf. Wir finden ihn in Beziehungen, in der Familie und natürlich am Arbeitsplatz. Je näher eine Person steht, desto eher wird sie für Attacken dieser Art ausgewählt – schließlich kennt man ihre Schwachpunkte. Die attackierte Person sieht ad hoc meist wenig Möglichkeit, herauszukommen und rechtfertigt sich. Finden die Angriffe über einen längeren Zeitraum statt, fühlt sie sich oft tatsächlich schuldig, alleine durch den Umstand, weil sie dieselbe Botschaft immer wieder zu hören bekommt. Nicht nur Kinder leiden darunter, wenn ihnen ständig vermittelt wird, dass sie zu wenig tun, zu wenig helfen oder gar rücksichtslos sind. Auch die Familie und das kollegiale Umfeld im Job bekommen ihr Fett ab – sie haben praktisch gar keine Chance, etwas richtig zu machen, weil sie ja scheinbar permanent Möglichkeiten zur Unterstützung übersehen, die ihnen von ihrem Angreifer mit leidvollem Genuss vorgehalten werden.

Bei allem Respekt: Der Streber

Wolfgang ist Abteilungsleiter der Logistik in einem Handelsunternehmen. Das dynamische Geschäft fordert von der ganzen Abteilung hohe Belastbarkeit und einen guten Überblick. Schließlich gilt es, Ladungen und Lkw im Cross Docking zu koordinieren, und das fast rund um die Uhr und sieben Tage die Woche. Vor Kurzem wurde ihm auf sein vehementes Fordern ein Stellvertreter zur Verfügung gestellt, um ihn etwas zu entlasten. Sein Stellvertreter ist Hans-Joachim, ein äußerst engagierter junger Absolvent der Fachhochschule, der sich seine ersten Sporen verdienen will und voller Energie bei der Sache ist. Schon seit der ersten

Arbeitswoche nimmt er Wolfgang zahlreiche Aufgaben ab und fragt aktiv nach, was er denn noch erledigen könne.
Anfangs war Wolfgang begeistert, mit so viel Engagement und Unterstützung gleich in den ersten Wochen hatte er nicht gerechnet. Dann kommt das erste gemeinsame Meeting mit der Bereichsleitung, in dem Wolfgang seinen Stellvertreter einen Überblick über den aktuellen Status präsentieren lässt. Hans-Joachim legt wie aufgezogen los: »Zuerst habe ich begonnen, Wolfgang von Routinearbeiten zu entlasten. Es herrschte ja ein ziemliches Chaos. Ich denke, der Zeitpunkt meines Eintreffens war genau richtig, nicht wahr, Wolfgang? Dann habe ich mir die gesamte Planung einmal angesehen, und jetzt beschäftige ich mich gerade mit den Prozessen der Kommissionierer. Das ist schon sehr viel für einen Stellvertreter, und es wird ja ganz sicher noch viel mehr. Die Aufgabenlast, mit doch viel Unerledigtem aus der Vergangenheit, tja, da ist kein Ende in Sicht. Aber meine Aufgabe ist es ja, Wolfgang zu entlasten, nicht wahr?«

Mit jedem Satz seines Stellvertreters wird Wolfgang unbehaglicher zumute. Er kann nicht glauben, was er hört – er fühlt sich zunehmend, als sei er im falschen Film. Warum sagt Hans-Joachim so etwas? Er wollte doch von sich aus immer mehr und mehr übernehmen! Jetzt stellt er Wolfgang hin, als schaffe dieser seine eigene Arbeit nicht und kippe jede nur irgendwie mögliche Aufgabe Hans-Joachim auf den Schreibtisch. Wolfgang ist überrumpelt und sieht keine andere Möglichkeit als mitzuspielen. Er dankt dem Stellvertreter für die ausführliche Darstellung und entschuldigt sich, falls es in den ersten Wochen etwas zu viel für ihn war. Nach dem Meeting befallen Wolfgang heftige Zweifel an der Zusammenarbeit und an seiner eigenen Reaktion auf die Präsentation. Warum hat er sich eigentlich entschuldigt? Der Stellvertreter hat von sich aus Arbeit gefordert und hätte jederzeit stoppen können. Gibt es vielleicht einen besseren Weg, um die eigene Position zu behaupten?

Versteckte Angriffe sind eine äußerst wirkungsvolle Strategie. Der Angreifer braucht sich nicht zu outen, ganz im Gegenteil: Er stellt sich als fleißig und hilfsbereit dar, während er andere als faul, überfordert oder mit sich selbst beschäftigt erscheinen lässt. In Wolfgangs Fall kann ein solches Verhalten die Zusammenarbeit enorm belasten, wenn er nicht umgehend eingreift. Bei allem Engagement und vorgetragenen Aktionismus des Stellvertreters ist Wolfgang die Führungskraft und darf sich diesen Status keinesfalls untergraben lassen. Er hätte sich bereits im Meeting verwundert zeigen und dem Stellvertreter raten können, das Ganze etwas gemäßigter anzugehen. Nachdem er diese Möglichkeit klar verpasst hat, sollte er mit Hans-Joachim zeitnah ein Gespräch führen und die Aufgaben klar zuteilen.

Ganz wichtig ist in jedem Fall, dass er sich nicht für etwas entschuldigt, für das er keine Verantwortung trägt. Sonst gibt er dem Angreifer idealen Nährboden für seine Saat, und es wird in diesem Stil weitergehen.

Spiel 2: Freu dich nicht zu früh!

Es ist ein Kommunikationsspiel, das Pessimisten mit Bravour beherrschen: Erzählt man ihnen etwas Positives oder ist man glücklich und berichtet über einen Erfolg, wird ihre Miene umgehend skeptisch. Bevor Sie mit Ihrem freudigen Bericht fertig sind, haben Sie es schon bemerkt: Ihr Gegenüber kann Ihre Freude nicht uneingeschränkt teilen. Nun setzt es zum Tiefschlag an. »Freu dich nicht zu früh!« ist eine verhärmte Aussage, die jegliches Vergnügen bitter macht. Wer dieses Spiel spielt, versucht, sich als Ratgeber Respekt zu verschaffen und mit vermeintlicher Lebenserfahrung auf das Schlechte im Menschen hinzuweisen.

Darunter verdeckt liegen zwei Bedürfnisse: Das Bedürfnis nach Aufmerksamkeit und das Bedürfnis nach Macht und Kontrolle, denn auf subtile Weise versucht er, sich auch abhängig zu machen. Schlechte Nachrichten erregen eben Aufmerksamkeit. »Only bad news are good news«, lautet ein altes Sprichwort im Journalismus. Die Akteure dieser Spielart stellen liebend gerne Warum-Fragen. Dem Fragewort Warum wohnt etwas Investigatives inne. Wenn wir unser Verhalten reflektieren – selbst oder mit einer vertrauten Person – dann stellen wir Warum-Fragen. Nimmt sich jedoch eine Person unaufgefordert das Recht, diese Warum-Fragen zu stellen, fühlen wir uns rasch genötigt, uns rechtfertigen zu müssen. »Warum habt ihr denn das Baumaterial erst jetzt bestellt, wo alles teurer geworden ist?«, fragt der altkluge Nachbar. »Geht dich nichts an!«, möchten Sie am liebsten zurückschmettern. Einzig die Höflichkeit gebietet Ihnen, freundlich zu bleiben. Und das macht sich dieser Spiel-Typ zunutze.

Warum-Fragen implizieren stets Weil-Antworten – und die kommen fast immer zu schnell. Wer mein Buch »contra!« gelesen hat, weiß es: Der Reflex lässt uns reagieren und in Rechtfertigung fallen, nur um höflich zu bleiben. Ich empfehle Ihnen, bei Warum-Fragen immer zunächst einmal ein- und auszuatmen, und dann eine Warum-Frage zurückzustellen oder mit der Fokustechnik zu antworten: »Wichtig ist doch, dass ...« Sie können den Inhalt Ihrer Antwort übrigens frei nach Ihrer Fantasie wählen. Er ist für Ihr Gegenüber und für Ihr Ziel, Respekt zu bekommen, vollkommen irrelevant. Entscheidend ist die Hauptsache: Sie geben keine Weil-Antwort, denn dann ziehen Sie den Kürzeren.

Eine weitere Erscheinungsform dieser Spielvariante im Miteinander ist die Ja-aber-Attitüde. Welchen Plan Sie auch immer haben, durch ein Ja, aber erhält er einen gehörigen Dämpfer. In Unternehmen erleben wir diese Spielart häufig, wenn Menschen nur in Restriktionen und Risiken denken. Besonders die Alteingesessenen im Personal versuchen oft zu bewahren, was sie aufgebaut haben und worin sie sich auskennen. Ich habe in meiner Beratungspraxis immer wieder mit Kunden zu tun, die als neue Mitarbeiterinnen und Mitarbeiter in Unternehmen kommen und mit ihren Vorschlägen auf Granit beißen. Florian ging es so, als er als frischgebackener Bachelor der Wirtschaftsinformatik die Prozesse im Controlling seiner Firma digitalisieren sollte.

Bei allem Respekt: Der motivierte Neue

Es ist Florians Freudentag. Endlich hält er sein Diplom in den Händen, für das er die letzten Jahre so hart gearbeitet hat. Neben seinem Studium der Wirtschaftsinformatik hat er als Praktikant bei einem mittelständischen Produktionsbetrieb schon hinreichende praktische Erfahrungen gesammelt. Der Betrieb war hochzufrieden und machte Florian ein Angebot: Er soll im Unternehmen bleiben und die Digitalisierung vorantreiben. Motiviert nimmt Florian die scheinbare Chance an.

Im Controlling, wo er beginnen soll, stößt er bereits am ersten Tag auf Widerstand. »Ich verstehe, dass du motiviert bist«, sagt die Leiterin mit vorgeblich wohlmeinender Miene, »aber hier etwas zu ändern, daran sind vor dir schon ganz andere gescheitert!«

Das sitzt. Dennoch versucht Florian, optimistisch zu bleiben: »Wir werden ja sehen!« In den nächsten Wochen analysiert er Arbeitsprozesse gründlich, hebt alte, fehleranfällige Excel-Reports aus und macht Vorschläge zur Optimierung. Doch egal, was er aufs Tapet bringt und zur Digitalisierung vorschlägt, es wird abgeschmettert. Die Leiterin und die Kollegen lassen ihn deutlich spüren, dass er bitteschön zu respektieren hat, was sie aufgebaut haben. Sie beginnen, Informationen zurückzuhalten und ihn vom Kommunikationsfluss abzuschneiden. Sukzessive bauen sie für ihn das Prädikat »unerfahrener Neuankömmling mit unrealistischen Ideen« auf. Es dauert nicht lange und Florian wird zur Geschäftsführung gerufen. Man legt ihm nahe, sich zurückzuhalten und doch mehr von den Alten zu lernen. Von da an weiß Florian, dass er in diesem Unternehmen keine Zukunft hat.

Florian hielt noch einige Zeit durch, aber eine ganze Unternehmenskultur zu verändern, das sah er nicht als seine Aufgabe. Schließlich überließ er die konservative Belegschaft wieder sich selbst und wechselte das Unternehmen. Schade für den Betrieb, wenn eine qualifizierte, motivierte Arbeitskraft aufgrund verknöcherter Strukturen und Denkhaltungen keinen Platz hat.

Im späteren Gespräch stellten wir aufgrund dieser Geschichte fest, dass sich Florians Status im Laufe seiner Betriebszugehörigkeit signifikant verändert hatte. Zu Beginn war er der Praktikant, er war neu und wusste noch nicht viel über die Abläufe. Er versuchte, das Personal so gut wie möglich zu unterstützen – einen eigenen Verantwortungsbereich hatte er nicht. Man respektierte ihn als fleißigen Studenten. Mit der Festanstellung änderte sich das – ihm wurde die Verantwortung für die Digitalisierung übertragen, also musste er auch Resultate liefern. Plötzlich war man genervt, weil er sich aus Sicht der Alteingesessenen zu viel herausnahm. Er griff gewissermaßen deren Territorium an und das ging natürlich nicht. Man verlangte von ihm Zurückhaltung. Sie sehen, hier wird die Sache schwierig – die Balance ist nicht mehr gegeben.

Florian hat souverän agiert, er hat der Belegschaft Respekt gezeigt, aber keinen Zweifel an seiner Verantwortung und seinen Zielen gelassen. Er hat schließlich das Unternehmen verlassen, Doch er hätte auch noch mehr seinen Status vermitteln können. Im Kapitel »Strategien, um Respekt aufzubauen« sprechen wir über verbale und nonverbale Wege, wie wir den eigenen Status auf Anhieb klarmachen können, ohne überheblich zu wirken.

Spiel 3: Ich bin blöd!

Es ist ein vermeintlich harmloses Spiel von Menschen, wenn sie sich selbst klein und dumm darstellen, um sich dann über das schlechte Gewissen der anderen Aufmerksamkeit und Respekt zu verschaffen. Eine Führungskraft erzählte mir im Coaching, dass einer seiner Mitarbeiter diese Masche so exzellent beherrsche, dass ihm seine Kollegen keine Aufgaben mehr übertragen. Auch er selbst sei mittlerweile zurückhaltend geworden, denn der Mitarbeiter frage so detailliert und langwierig nach, dass er als Führungskraft die Aufgabe in der Zwischenzeit längst selbst erledigt habe. Ich frage in solchen Fällen immer nach typischen Sprüchen und Ausdrucksweisen. Die Führungskraft konnte mir ohne nachzudenken einen typischen Spruch nennen: »Ich bin ja nur ein kleines Rädchen im großen Getriebe.« Diese Art von Aussagen finden wir häufig in diesem Spiel. Sie verschafft dem Akteur sofort Respekt – wenn auch im mitleidigen Sinne. Man muss schließlich Rücksicht nehmen auf die Kleinen, die es nicht besser wissen können! Dieses sich bewusst dumm anstellen entspringt einem Kindheits-Ich und birgt große Gefahren für die Gesprächspartner, denn diese fallen oft reflexartig in ein Eltern-Ich und dann schnappt die Falle zu. Führungskräfte bekommen Aufgaben rückwärtsdelegiert und entwickeln eine elterliche Fürsorge, ohne es zu bemerken. Andere im Team fühlen sich dadurch ungerecht behandelt, da sie weiterhin die volle Leistung erbringen müssen. Oft entsteht so ein giftiger Cocktail an Emotionen. Erst, wenn Teammitglieder drohen oder sogar kündigen, findet man – wenn überhaupt – die wahre Ursache.

Einen Aspekt, den auch dieses Spiel in sich trägt, ist das bewusste Stiften von Unklarheit. Wir finden mannigfaltige Varianten des Spiels »Ich bin blöd«. Hier beliebte Beispiele:

»Wer bin ich schon, dazu etwas zu sagen?«
»Was kann ich schon beitragen?«
»Ich bin ja nur ein einfaches Kind vom Land.«

All diese Versionen eröffnen ein Dramadreieck: Der Akteur macht sich zum Opfer und damit die anderen zu Tätern. Daraus kristallisieren sich sofort Retter, nämlich jene, die Verständnis zeigen und den Akteur eine Schonbehandlung einräumen. Das Perfide an dieser Sache: Der vermeintliche Täter macht sich auch bei den Rettern unbeliebt, wenn er hart durchgreift.

Hier hilft nur die Enthüllungstechnik. Wenn Sie auf dieses Verhalten stoßen, nehmen Sie die Metaebene ein und betrachten Sie die Situation aus der Vogelperspektive. Sprechen Sie die Person an – natürlich aus Ihrer Sicht und in Ich-Botschaften. Aber machen Sie klar, dass Sie das Spiel durchschaut haben. Meinem Kunden, der Führungskraft eines »kleinen Rädchens« habe ich folgende Aussage der Enthüllungstechnik empfohlen: »Andreas, ich denke, du stellst dein Licht etwas unter den Scheffel. Du bist eine top ausgebildete Fachkraft, genau wie deine Kollegen. Bitte mach dich nicht kleiner, sondern sei mit uns Teil des starken Teams.«

Wichtig ist, dass die Führungskraft wertschätzend bleibt, aber dennoch klar kommuniziert. So hat der Akteur wenig Möglichkeiten, sich weiter zum Opfer zu machen. Tut er es dennoch, suchen Sie mit ihm nach Lösungen. Lassen Sie sich nicht zum Teil des Problems machen, sondern machen Sie derartige Kommunikationsspieler zum Teil der Lösung.

Eine perfide Variante des »Ich bin blöd!«-Spiels pflegte übrigens auch einer meiner Vorgesetzten ganz zu Beginn meines Arbeitslebens. Ich war damals Anfang zwanzig und stolz, eine internationale Aufgabe mit viel Verantwortung ausführen zu dürfen. Mein Chef war leider ein Choleriker, dessen Blut sehr schnell in Wallung geriet. Es brauchte nicht viel Anreiz seitens der Kunden oder Kollegen, und er begann bereits zu knurren: »Natürlich weiß er es besser! Was weiß ich schon? Ich habe ja ›nur‹ vierzig Jahre Berufserfahrung! Was soll ich da schon wissen? Nichts weiß ich! Gar nichts! Ich bin ja zu blöd!« So redete er sich in Rage. Von null auf hundert in dreißig Sekunden. Meine Kolleginnen und ich wussten bereits, wenn sich ein Ausbruch ankündigte. Niemand wagte dann, ihn anzusprechen oder gar ihm zu widersprechen. Wir hatten Respekt aus Angst. Eine toxische Form dieses Spiels, das auf den ersten Blick doch so harmlos wirkt. Zum Glück konnte ich es eines Tages durchbrechen, aber davon erzähle ich Ihnen später (siehe hierzu Kapitel 11, dort begegnen wir dem Rumpelstilzchen noch einmal ausführlicher).

Spiel 4: Du bist blöd!

Wenn es darum geht, Prädikate zu verleihen, ist der Spieler von »Du bist blöd!« erstklassig. Der Typ Scharfrichter sucht Fehler und Makel bei den anderen und hält sich nicht zurück, lautstark darauf hinzuweisen. Wir finden das Spiel in Paarbeziehungen genauso wie in Eltern-Kind-Beziehungen, in Freundeskreisen und am Arbeitsplatz. Während es Außenstehende schockiert, löst es bei wiederholter Anwendung bei den Betroffenen nicht nur Verlegenheit, sondern Scham und Kränkung aus. Ziel des Akteurs ist es, andere kleiner, ärmer oder dümmer darzustellen, um selbst größer, reicher oder klüger zu wirken.

Haben Sie schon einmal erlebt, dass Sie einem Paar gegenübersitzen und ein Partner macht den anderen kleiner? Eigentlich sollte es ein schöner, unterhaltsamer Abend werden, doch die Stimmung ist angespannt. Wie eine Zeitbombe tickt das Gespräch vor sich hin. Sie warten bereits auf den nächsten Angriff – und schon kommt er: »Was, das weißt du nicht? Das ist ja so typisch! Dir fehlt einfach jede Bildung.« Sie werden ungewollt zu Beteiligten dieser giftigen Vorwürfe. Achtung! Lassen Sie sich nicht ins Dramadreieck ziehen, indem Sie zum Retter werden oder Partei ergreifen. Sonst geht es Ihnen wie Corinna, der schließlich der Kragen platzte.

Bei allem Respekt: Das verpatzte Dinner

Es ist schon nach Mitternacht. Mit Tränen in den Augen räumt Corinna den Tisch ab. Es hätte ein schöner Abend mit Freunden werden sollen, doch irgendwie ist alles vollkommen entgleist. Dabei haben Franz und sie sich wirklich ins Zeug gelegt und ein viergängiges Menü vom Feinsten zubereitet. Über ihre Gäste wissen sie, dass es ab und an Sticheleien gibt, schließlich sind sie schon seit einigen Jahren befreundet.

Heute Abend war es anders. Schon nach dem Aperitif giftet Jonas in Richtung seiner Frau Miriam – ohne sie direkt anzusprechen. »Heute stehen die Zeichen wieder gut, einen über den Durst zu trinken!« Die Gastgeber und Miriam ignorieren die Aussage. Doch Jonas scheint das nicht zufriedenzustellen. Immer wieder stichelt er an Miriams Verhalten, er scheint, ihren Alkoholkonsum auserkoren zu haben. Selbst trinkt er nichts und betont bei jeder Gelegenheit, dass er das nicht nötig habe. Sukzessive baut er durch diese Schwarz-Weiß-Technik

ein schlechtes Bild von Miriam auf. Diese bestätigt das noch, indem sie erst recht kräftig zum Glas greift.
Nach dem Dessert reicht es Corinna. Als Gastgeberin fühlt sie sich für die Stimmung zuständig. Franz bringt mit seiner Harmoniesucht offenbar den Mund nicht auf, also spricht sie ein Machtwort. Barsch weist sie Jonas zurecht, wie respektlos er seine Frau behandelt. Und weil sie schon einmal dabei ist, fragt sie auch gleich Miriam, warum sie sich das eigentlich gefallen lasse. »Hast du denn gar keinen Stolz?«, schließt sie ihre Tirade. Nun ist es still am Tisch. Franz ist die Kinnlade heruntergeklappt. Die Gäste werfen sich zuerst gegenseitig einen Blick zu, dann richtet Miriam das Wort an Corinna: »Ich dachte, wir seien Freunde. Ich glaube nicht, dass wir uns so etwas gefallen lassen müssen. Jonas, bitte, fahren wir nach Hause.« Wie gewandelt legt Jonas den Arm um Miriam. »Gerne, mein Schatz. Das haben wir wirklich nicht nötig.« Corinna versteht die Welt nicht mehr. Sie wollte doch nur helfen! Dabei ist sie gehörig ins Fettnäpfchen getreten.

Die Spielart »Du bist blöd!« tritt ebenfalls in verschiedenen Varianten auf. Eine davon ist die indirekte, die Corinna unbeabsichtigt gespielt hat: »Ich versuche ja nur, dir zu helfen!« Nachdem sie lange genug mitansehen musste, wie Miriam ihrer Meinung nach gedemütigt wurde und sie schließlich auch zornig auf Franz war, der auch etwas hätte sagen können, reicht es ihr. Sie springt als Retterin in die Bresche und weist den vermeintlichen Täter zurecht. So versucht Corinna, sich Respekt zu verschaffen und durchzugreifen. Dabei geht sie zu weit, denn das »Opfer« lässt die Rettung nicht zu. Im Gegenteil, es schmettert die Rettung sogar ab und reagiert beleidigt. Corinna weiß es im Herzen sofort, was sie getan hat. Sie ist in ein Muster gefallen, das ihr auch mit Franz schon oft Streit beschert hat. Besserwisserisch weist sie zurecht und gibt ungefragt Ratschläge. Damit lässt sie ihr Gegenüber klein und hilflos aussehen. In Wahrheit hat sie sich nicht besser verhalten als der rechthaberische Jonas, der auf seiner Frau herumhackt. Die Rechtfertigung »Ich wollte doch nur helfen!« folgt in dieser Spielvariante oft auf dem Fuß und soll das Verhalten als gut gemeint legitimieren.

Doch nicht alle Varianten laufen auf Schulterzucken und Rechtfertigung hinaus. Aggressivere Spielarten teilen aus, weisen zu und unterstellen – ohne sich in irgendeiner Form zu rechtfertigen:

»Er kann es einfach nicht besser!« sagt eine Mutter über ihren Sohn, der die Bastelarbeit nicht mit der von ihr vorausgesetzten Akribie gemeistert hat.
»Alles haben wollen, und sich dann nicht darum kümmern!« bemerkt der Kollege altklug, als sich der Jüngere um die Projektleitung bewirbt.
»Du als Mann verstehst nichts davon!« wird Intelligenz und Fachwissen mit dem Geschlecht in Verbindung gebracht.

Haben Sie Lust bekommen, weitere Spielarten zu identifizieren? Es reicht, offen für Kommunikation zu sein und im Alltag zu beobachten. Jeder Mensch hat seine Lieblingsspiele, die immer wieder zur Anwendung kommen. Mit Spielen wollen wir uns Aufmerksamkeit und Respekt verschaffen – leider oft auf Kosten anderer, die zu unfreiwilligen Mitspielenden werden.

KLARTEXT

- **Wenn es darum geht, Respekt und Geltung zu erlangen, sind die Spielarten der Menschen mannigfaltig. Vom Kleinmachen der eigenen oder anderen Personen über vermeintlich wohlmeinende Ratschläge bis hin zu pessimistischen Warnungen begegnen uns alle denkbaren Varianten.**
- **Schnell lassen wir uns hinreißen, ins Dramadreieck (Täter – Opfer – Retter) einzusteigen und ehe wir es uns versehen, sind wir unfreiwillig Teil eines Spiels, das jemand anderer inszeniert hat. Die Regie haben wir damit abgegeben.**
- **Nur Reflexion und Klarheit über das eigene Verhalten können uns vor unliebsamen Spielen schützen. Gänzlich über den Dingen steht jedoch kein Mensch – dazu bräuchte es schon künstliche Intelligenz, um die Beziehungsebene vollkommen auszuklammern.**

Mehr Respekt – ab sofort

Wenn Sie ein Spiel hinter einem Verhalten vermuten oder bereits durchschaut haben, sprechen Sie die agierende Person an: mit Respekt, aber klar. Machen Sie deutlich, dass Sie bereit sind für direkte Aussagen ohne Verhüllung. Fragen Sie nach, was der Person wichtig ist und welche Lösung sie vorschlägt. Lassen Sie sich keinesfalls zu einem Teil des Problems und der Inszenierung anderer Personen machen.

Entwickeln Sie einen Blick dafür, wo in Ihrem Umfeld Spiele stattfinden. Wo zum Beispiel befinden sich diese armen Menschen, die immer alles selbst machen müssen? Wo sind jene, die gleich gerne anderen die Schuld in die Schuhe schieben? Finden Sie auch diejenigen, die sich selbst stets klein und benachteiligt darstellen, um anderen ein schlechtes Gewissen zu machen.

Der schwierigste Teil, wenn es darum geht, natürliches Ansehen aufzubauen, ist der Blick in den Spiegel. Welche Spiele setzen Sie selbst Ihren Kollegen oder Ihrer Familie gegenüber ein? Was möchten Sie damit erreichen? Es wird Zeit, Klartext zu sprechen, statt Spielchen zu spielen.

Teil II –
Respekt, die helle Seite der Macht

6.
Sympathie und Respekt: Ein Widerspruch?

»

Jeder kämpft einen Kampf, von dem du nichts weißt. Sei nett. Immer.

Robin Williams (1951–2014)

«

Ich nannte sie Bambi. Auf langen, zarten Beinchen schritt die hübsche, junge Dame jeden Abend durch das Fitnessstudio des Hotels, in dem ich für einige Tage meiner Dienstreise untergebracht war. Vollkommen konzentriert auf ihr Handy, würdigte sie die anderen Trainierenden keines Blickes. Geriet sie aus Versehen in Augenkontakt mit einer anderen Person, sah sie sofort betont gleichgültig weg. Jeder freundliche Blickkontakt wurde so bereits im Vorfeld abgeschmettert. Dabei muss Bambi einen riesigen Freundes- oder Fankreis haben – denn nach jeder Fitnessübung tippte sie Nachrichten in ihr Smartphone oder brachte sich für ein Selfie in Pose. Diese Posen und ihre Mimik dabei wirkten skurril, weil sie das Gegenteil dessen waren, wie sie sich in der Live-Umgebung verhielt. Ich beobachtete ihr Verhalten gespannt und kam mit ein wenig vor wie Sir David Attenborough in den alten Naturdokumentationen.

Aus kommunikationswissenschaftlicher Sicht wird die nonverbale Sprache genauso detailliert gedeutet wie die verbale. Bevor wir Inhalte in Form von Worten preisgeben, machen wir unsere Beziehung zu anderen deutlich. Das gelang Bambi hervorragend – sie versuchte, das erste pragmatische Axiom (Man kann nicht nicht kommunizieren.) des guten, alten Paul Watzlawick zu konterkarieren, indem sie offensichtlich versuchte, mit den Anwesenden nicht zu kommunizieren. Damit kommunizierte sie unbeabsichtigt sehr viel. Doch die Krönung war erreicht, wenn sie demonstrativ mit ihrer virtuellen Welt kommunizierte und damit zeigte: Zu euch hier im Fitnessstudio bleibe ich auf Abstand, doch da draußen sind tausende Fans! Habt Respekt vor mir!

Die ewige Wippe

Wenn wir unser Verhältnis zu anderen Menschen betrachten, läuft jede Begegnung zuerst auf der nonverbalen Ebene ab. Das bedeutet, dass wir zuerst abstecken, wie wir zueinanderstehen. Freund oder Feind? lautet die zentrale Frage, die automatisiert in unserem Kopf gestellt wird. Wir bewegen uns stets auf der Wippe zwischen Sympathie und Respekt. Jene, die Respekt mit Nachdruck aufbauen müssen, verlieren dabei meist Sympathie. Warum Menschen lieber Abstand halten und auf Sympathie verzichten, ist meistens persönlichen Ängsten geschuldet. Der Psychoanalytiker Fritz Riemann beschreibt in seinem bekannten Werk »Grundformen der Angst« vier wesentliche Grundängste, die unser soziales Verhalten prägen: Die »Angst vor der Hingabe« prägt Menschen, die sich lieber von anderen abgrenzen. Natürlich wollen wir alle unverwechselbar sein. Riemann beschreibt das mit dem Beispiel des verwechselten oder entstellten Namens – wir reagieren darauf in der Regel sehr empfindlich. Ich weiß nicht, wie oft ich schon Ines genannt wurde. Obwohl das ein schöner Name ist, löst es jedes Mal Ärger in mir aus. Weil es nicht mein Name ist. Ich fühle mich nicht wertgeschätzt, wenn sich mein Gegenüber nicht einmal die Zeit nimmt, meinen Namen in Erfahrung zu bringen oder richtig zu schreiben. Fragen Sie mich bitte nicht, welche Varianten mit meinem Nachnamen schon kreiert worden sind. Dabei weiß mein Verstand genau: Das ist mir selbst doch auch schon passiert! Es kann schnell gehen und ist sehr peinlich. Menschen mit Angst vor Hingabe meiden lieber den Kontakt, um gleich gar nicht zu viel Bindung zu erzeugen. Sie werden oft als arrogant und gefühlskalt empfunden. Respekt bauen sie sich durch fachliche Leistung auf, manchmal sind sie in ihrem Gebiet genial.

Die »Angst vor der Selbstwerdung« bildet fast das Gegenteil ab: Diese Menschen brauchen den anderen so dringend, dass sie sich dabei selbst im Stich lassen. Bis hin zur Depression opfern sie sich auf. Sie fragen sich, warum genau ihnen immer so etwas passiert – dass sie von anderen enttäuscht werden etwa. Der Psychologe Hans-Jürgen Wirth beschreibt die Beziehung des ehemaligen deutschen Bundeskanzler Helmut Kohl und seiner Frau Hannelore so – sie opferte sich auf, lebte nur durch ihn, war selbst stark in seinem Glanz. Er verließ sich auf sie, lebte durch ihre Bewunderung. Was romantisch klingt, schien sich zu einer toxischen Beziehung zu entwickeln. Der Freitod Hannelore Kohls im Jahr 2001 blieb offiziell ungeklärt.

Die »Angst vor der Veränderung« resultiert aus der natürlichen Sehnsucht nach Dauer, Geborgenheit und Kontinuität. Für manche Menschen kann das zu einem Zwang werden. Sie leben in der Befürchtung, etwas könne sich verändern und sie sind nicht darauf vorbereitet. Riemann beschreibt das an der Geschichte eines Mannes, der eine umfangreiche Bibliothek besaß. Dennoch las er nur die Bücher aus einer Leihbibliothek, damit er im Falle, dass es keine Leihbücherei mehr gab, die eigenen noch nicht gelesen hatte und über einen Vorrat verfügte. Menschen mit Angst vor Veränderung schaffen sich Respekt durch Vorbereitung, Absicherung, Kontrolle. Für ihren Gegenpol ist dieses Verhalten allerdings schier unvorstellbar.

Der Gegenpol dieser Persönlichkeit hat nämlich »Angst vor Notwendigkeit«. Kontrolle und akribische Vorbereitung ist diesem Typus zuwider, er liebt den Reiz des Neuen und die Freude am Risiko. Menschen mit Angst vor Notwendigkeit suchen eine spezielle Art von Respekt: Bewunderung. Deshalb sind sie oft wortgewandt, charmant, gerne unter Menschen und pflegen einen schillernden Lebensstil. Respekt bedeutet für sie, bewundert zu werden, und dafür instrumentalisieren sie Bürokollegen, Partner und Kinder. Gut situiert, attraktiv, lebensfroh, kreativ, spontan und begehrt wollen sie sein, koste es, was es wolle. Da werden die Bilder auf Instagram schon einmal etwas geschönt und aus dem Kontext gerissen, um besonders viele Likes zu erhalten.

Natürlich sind die Persönlichkeitstypen und Ängste hier pathologisch und etwas übertrieben dargestellt. In meiner Arbeit helfen sie mir jedoch sehr, wenn es darum geht, Verhaltensmuster zu deuten und Kommunikationsstrategien abzuleiten. Wenn wir beispielsweise eine Verhandlung vorbereiten, wird im Vorfeld so viel wie möglich über die Gegenseite in Erfahrung gebracht. Oft ist die Person bereits bekannt oder man fragt im Kollegenkreis und recherchiert in den Medien. An der Art und Weise, wie sich eine Person darstellt und gibt, erkennen wir ihren Verhaltenstypus und können antizipieren, ob sie mehr auf Sympathie oder mehr auf Respekt setzt. Schließlich verfügt jeder Mensch über beides – auch, wenn es bei manchen nicht auf den ersten Blick sichtbar ist. Jene, die Angst vor Selbstwerdung und Angst vor Notwendigkeit haben, setzten deutlich stärker auf Sympathie als ihre Komplementäre mit Angst vor Hingabe und Angst vor Veränderung. Diese packen erst an der Respektseite der Wippe an.

Warum ich das Ganze als eine Wippe beschreibe? Klare Kommunikation braucht Balance, sonst ist eine Seite unausgewogen und im Nachteil. Wir haben bereits erörtert, auf welche Weise Menschen Spiele in Gang setzen, um Aufmerksamkeit und Ansehen zu erhalten. Dieser Spiele bedienen wir uns alle und bevorzugen die Varianten je nach unserer innersten Angst. Wenn wir über Bambi sprechen, die junge Frau vom Anfang dieses Kapitels, kommt noch eine Komponente hinzu: Unsicherheit.

Wer sich seiner selbst nicht sicher ist oder nicht weiß, wie er sich in einer bestimmten Situation verhalten soll, sucht intuitiv nach Fluchtwegen. Haben Sie schon einmal einen Hund beobachtet, der etwas angestellt hat? Er blickt starr an seinem Besitzer vorbei, schaut ihm nicht in die Augen. Der Strauß steckt den Kopf in den Sand, wenn er sich bedroht fühlt – zumindest dem Sprichwort zufolge. Wir Menschen haben ein herrliches Pendant dazu: das Handy. Fühlen wir uns nicht wohl oder unsicher, glotzen wir einfach übertrieben konzentriert in unser Smartphone. So kommen wir erst gar nicht in die Verlegenheit, von unserem Umfeld Notiz nehmen zu müssen und können unangenehmen Situationen ausweichen. Wir versuchen, durch demonstrierte Distanz solchermaßen Respekt zu erlangen, dass wir wenigstens in Ruhe gelassen werden und niemand es wagt, uns anzusprechen. Andererseits kostet uns dieses Verhalten Sympathiepunkte. Wer mag schon Zeitgenossen, die ihr Handy wichtiger nehmen als ihr Umfeld.

Gehen wir also gezielt auf Distanz, gewinnen wir zwar Respekt, verlieren jedoch Sympathie. Schaffen wir es, unserer Angst ins Auge zu blicken und klar zu werden, was uns treibt, können wir an der Balance arbeiten und natürlichen Respekt aufbauen. Die beiden Elemente sind somit kein Widerspruch, sondern stehen komplementär zueinander.

Respekt vor dem weißen Kittel

Fünfzehn Minuten vor Geschäftsschluss schafften mein Sohn und ich es noch, aus der Praxis des Zahnarztes zu kommen. (Jawohl, es war genau dieser Zahnarzt, den Sie bereits aus Kapitel 1 kennen.) Wir hasteten also in die Apotheke gegenüber, um noch ein Schmerzmittel für meinen Sohn zu holen, denn zusätzlich zu der Zahnreparatur bahnte sich noch eine Mittelohrentzündung an. Manchmal kommt es einfach dicke – da heißt es handeln. Wir brauchten das passende Medikament, welches, wussten wir leider bestens aus vorangegangenen Ohrenproblemen. Ein Rezept hatten wir nicht, aber das lässt sich üblicherweise nachreichen. Dachte ich.

Bereits beim Herantreten an den Tresen musterte uns die Apothekenhelferin, standesgemäß in einen weißen Kittel gekleidet, von oben bis unten. Offenbar verlieh ihr der weiße Kittel die Macht einer Uniform. Mein Ansuchen um das dringend benötigte Medikament quittierte sie ohne jede Empathie: »Wenn Sie kein Rezept haben, gibt es keine Medizin. Das sollten Sie eigentlich wissen.« Ich traute meinen Ohren nicht. Meiner Profession entsprechend setzte ich auf rhetorische Kompetenz, überging ihren schnippischen Ton und fragte, wie wir das Problem jetzt lösen könnten. Generös bot sie an, Rücksprache mit dem »Herrn Magister« zu halten und ließ uns stehen. Nach einigen Minuten tauchte sie wieder auf. Wir sahen ihre selbstgefällige Miene und wussten, wie die Antwort lauten würde. »Wie gesagt, eine Abgabe des Medikamentes ist mangels entsprechender ärztlicher Verordnung nicht zulässig«, monierte sie aufgeblasen. Meine Anfrage, den »Herrn Magister« sprechen zu dürfen, wurde abgelehnt. Der Gott der Apotheke blieb somit allmächtig, stieg jedoch nicht zu den Hilfesuchenden herab. »Mama, kannst du nichts machen?« Mein Sohn war entsetzt. Auf der Fahrt nach Hause erzählte ich ihm, was passieren kann, wenn Menschen mit geringem Selbstwert durch Uniform und entsprechende Autorisierung Macht verliehen bekommen. Er fand die Analyse so spannend, dass die Ohrenschmerzen nur mehr halb so schlimm waren und wir am nächsten Tag in Ruhe das Medikament in der Hausapotheke unserer Ärztin abholen konnten.

Nun ist der Beruf der Apothekenhelferin zweifelsfrei ein wichtiger. Ich hatte in diesem Fall das Gefühl, dass die Dame durch ihren Arbeitsplatz und die Uniform sich im Berufsstand der Pharmazeuten wähnte. Das verlieh ihr offenbar die Überheblichkeit, den Rest der Welt als Nichtwissende einzustufen. Sie gab mir als Kundin das Gefühl, weder fachlich noch vom Prozedere eine Ahnung zu haben. Ein Auftreten, das ihr zwar Respekt bringt, aber in Form einseitiger Macht – schließlich sitzt sie am längeren Hebel. Sie kann mit ihren Kunden umgehen, wie sie möchte und muss nicht mit Konsequenzen leben. Ihren mangelnden Selbstwert kann sie kompensieren, indem sie Kunden dümmer und ungebildeter aussehen lässt.

Das gleiche Szenario ist mir kurz darauf in der Verkaufsboutique eines teuren Handtaschen-Labels widerfahren. Eine Freundin wollte sich dort unbedingt eine Tasche ansehen, deren Kauf sie plante. Die beiden Verkäuferinnen, perfekt gestylt und in edles Schwarz gekleidet, taxierten uns beim Eintritt mit einer derartigen Überheblichkeit, dass selbst die taschenbegeisterte Freundin auf dem Absatz kehrt machte. Die Damen des Verkaufspersonals hatten sich offenbar derart mit den teuren Produkten der Marke identifiziert, dass sie sich in deren Glanz selbst wie Göttinnen fühlten. Zumindest strahlten sie das aus. Meine Freundin und ich wurden nicht als potenzielle Kundinnen, sondern als potenzieller Pöbel in den heiligen Hallen dieses Modelabels empfangen.

Wer sich mit einem derartigen Gehabe Respekt aufbauen möchte, verliert jegliche Sympathie. Das gilt auch für das Unternehmen, für das diese Menschen tätig sind. Wir repräsentieren unser Unternehmen oder unsere Organisation, und zwar nicht nur, wenn wir eine Uniform tragen. Wenn ich mit Führungskräften arbeite, gebe ich ihnen stets drei Fragen zu bedenken: Wie sollen Menschen Ihr Unternehmen wahrnehmen? Verhalten sich Ihre Mitarbeiter entsprechend? Pflegen sie die Kunst, Gastgeber zu sein, oder erniedrigen beziehungsweise erheben sie sich vor den Kunden?

The Art of Hosting: Balance zwischen Sympathie und Respekt

Wenn es um den Umgang mit Menschen geht, zeigen sich rasch der Kern und das Selbstverständnis von Unternehmen. Während die einen noch immer proklamieren, der Kunde sei König, so herrscht bei den anderen bissiger Zynismus. Wie wird intern über Kunden gesprochen? Die Menschen im Unternehmen orientieren sich an der Unternehmensleitung. Von oben nach unten pflanzt sich die Einstellung fort: Wertschätzung, Dienerschaft oder notwendiges Übel – einer dieser drei Wege ist bei den meisten Unternehmen erkennbar.

In meiner Tätigkeit als Beraterin bin ich oft vor Ort in den Betrieben und Zentralen. Ich beobachte die Menschen, nicht nur, wie sie mit mir als Gast umgehen, sondern auch untereinander. Häufig unterschätzt, hat das eine direkte Auswirkung auf die Gefühle und Stimmung des Gastes. Stellen Sie sich vor, Sie sind privat eingeladen und bemerken, dass bei Ihren Gastgebern der Haussegen schief hängt. Obwohl man Ihnen als Gast Herzlichkeit entgegenbringt, herrscht zwischen den Gastgebern ein kurz angebundener, kühler oder schnippischer Ton. Wie fühlen Sie sich dabei? Je nach Anlass werden Sie das Szenario belustigt oder peinlich berührt wahrnehmen. Angenehm ist es in keinem der Fälle. Ähnlich ging es Jana, die motiviert ihre neue berufliche Herausforderung antrat und ebenfalls mit einem unangenehmen Klima konfrontiert war.

Bei allem Respekt: Geringschätzung von oberster Stelle

Ganz sicher ist Jana noch nicht. Sie hat vor Kurzem die Leitung der Abteilung Human Resources eines Produktionsbetriebes übernommen. Im Einstellungsgespräch wurde ihr von den beiden Geschäftsführern »freie Hand« versprochen, was die Verbesserung des Betriebsklimas und die Umsetzung neuer Maßnahmen zur Personalrekrutierung betrifft. Fachpersonal ist schwierig zu finden, die Loyalität der Mitarbeiter zum Unternehmen gering. Eine Umfrage zum Arbeitsklima im vergangenen Halbjahr hat ein unzufriedenstellendes Ergebnis geliefert. Die Geschäftsführer fühlen sich deshalb verpflichtet zu reagieren und etwas für ein besseres Klima im Betrieb zu tun. Die neue Personalleiterin kommt ihnen hier gerade recht. »Volle Flexibilität« wird Jana nicht nur bei den zu setzenden Maßnahmen, sondern auch bei der Einteilung ihrer eigenen Arbeitszeit zugestanden.

Jana nimmt den Job an. Sie hat klare Pläne und kann sich hier beweisen: Aus ihrer bisherigen Berufserfahrung ist sie an Widerstand bei Veränderungen gewöhnt, auch der Umgang zwischen Büro- und Produktionspersonal ist nicht immer von Verständnis geprägt. Was sich in den nächsten Monaten abspielt, hat Jana jedoch in ihren schlimmsten Albträumen nicht erwartet. Die Geschäftsführer behandeln sie von Beginn an wie ihre Sekretärin, laden alles bei ihr und ihren Mitarbeiterinnen ab, was sie nicht bearbeiten können oder wollen. Als Jana mehr Klarheit fordert, erklärt ihr der Seniorchef herrisch, dass es schon noch immer seine Wahl sei, wem er Aufgaben gebe. Der Juniorchef hingegen hat die Angewohnheit, das Personalbüro zu betreten und auf eine beliebige Mitarbeiterin zuzugehen – egal, ob diese gerade telefoniert oder in eine Arbeit vertieft ist. Er spricht sie einfach an und teilt ihr seine Wünsche mit.

Bald ist Jana klar, dass es so nicht weitergehen kann. Mittlerweile hat sie erfahren, dass sie bereits die dritte Besetzung für diesen Posten ist, weil ihre Vorgängerinnen jeweils nach kurzer Zeit wieder das Unternehmen verlassen haben. So sehr sie versucht, das Ruder noch herumzureißen, sie sieht keine Chance.

Die Geschäftsführer zeigen keinen Respekt dem Personal gegenüber – ausgenommen den Kollegen vom Vertrieb. »Die bringen das Geld!«, pflegt Senior stets zu betonen. Die Krone setzt der ganzen Sache jedoch Junior auf. Als Jana diese Woche im Abteilungsleitermeeting mit ihren Punkten an der Reihe ist, wird sie von Junior anmoderiert: »Was gibt es Neues in der Spaßabteilung?« Jana ist so perplex, dass ihr die Luft wegbleibt. Sie versucht, die Respektlosigkeit sachlich zu überspielen, doch sie weiß bereits im Meeting: Das war der Todesstoß für ihre Karriere in diesem Unternehmen.

Als Jana mir diese Geschichte erzählte, war meine erste Reaktion: Endlich! Der letzte Angriff des Juniorchefs war notwendig, sonst hätte sich Jana in der Mühle ihres Idealismus zerrieben. Eine Unternehmenskultur zeigt sich beim ersten Betreten des Betriebes. Wie verhalten sich die Menschen, wie wird begrüßt, wie wird mit- und übereinander gesprochen? Jana weiß heute, dass die Alarmglocken bei ihr viel früher schrillen hätten sollen. Was die Geschäftsleitung hier betreibt, ist Labelling vom Feinsten. Beim Labelling wird einer Abteilung oder einer Person ein bestimmtes Etikett (Label) in Form einer Eigenschaft verpasst: Vertrieb = Arbeit am Kunden = Geldbringer, Personalabteilung = Spaßabteilung = Kostenverursacher. Wir finden dieses willkürliche Anbringen von Etiketten häufig, und leider haften sie unglaublich fest. Machen Sie den Test: Spontan fällt Ihnen aus Ihrer Kindheit noch eine Person mit einem Etikett ein – das kann ein Spitzname, ein Reim auf den Namen oder eine meist uncharmante Berufsbezeichnung sein. Ich werde nie vergessen, als in meinen ersten Berufsjahren eine junge Kollegin über die Reinigungskraft in der Firma als »Putzkleschn« gesprochen hat. Das ist im österreichischen Dialekt eine sehr abwertende Bezeichnung für diesen Beruf. Mir blieb kurz die Luft weg, so peinlich berührt war ich von dieser Respektlosigkeit. Labelling hat einen starken Einfluss auf das Respektempfinden, das sollte uns bewusst sein, wenn wir Labels vergeben oder unhinterfragt übernehmen. Dennoch dürfen wir damit auch nicht zu hart ins Gericht gehen – denn häufig passiert Labelling unbeabsichtigt und ist nicht böse gemeint. Die Bezeichnungen sind oft witzig, wer sie verwendet, möchte sich meist durch humorvolle Ausdrucksweise hervorheben und nicht anderen etwas Schlechtes tun.

Achten Sie dennoch auf die Zeichen und gleichen Sie den Ton und den Umgang im Unternehmen mit Ihren persönlichen Werten ab. Vertrauen Sie auf Ihr Bauchgefühl: Wenn Sie sich nicht wohlfühlen, ist es besser, die Zusammenarbeit gar nicht zu beginnen – ausgenommen, Sie sind bereit, große Opfer zu bringen, was Ihren Selbstwert betrifft. Der Schaden ist allerdings nur schwer aufzuwiegen. Respekt ist keine Selbstverständlichkeit. Ob er im Unternehmen gelebt wird oder nicht, hängt maßgeblich von der Leitung ab.

Wie können wir nun beides unter einen Hut bringen? Sympathisch im Umgang mit Menschen und dennoch mit dem notwendigen Respekt, wenn es um unbequeme Entscheidungen geht? Nehmen Sie das Beispiel guter Gastgeberschaft: Sie ist höflich und freundlich, führt selbstverständlich durch das Programm. Sie teilt Plätze zu und legt die Sitzordnung fest. Die Gastgeberin und der Gastgeber sorgen dafür, dass gute Gespräche entstehen und eine positive Stimmung herrscht – und so weiter. Diese Kombination aus Fürsorge und Führung verleiht ihnen natürlichen Respekt, ohne dass sie Sympathie verlieren. Das Konzept »Art of Hosting«, also die Kunst des Gastgebens, wird heute als weltumspannendes Konzept in der Kommunikation genutzt, um wertvolle und konstruktive Gespräche zu führen. Dabei wird Gruppen nicht eine Hierarchie diktiert, sondern eine Kultur ermöglicht, die wertschätzend die unterschiedlichen Sichtweisen integriert. Was zu schön klingt, um wahr zu sein, wird im Sinne eines partizipativen Führungsstiles zur Realität.

KLARTEXT

- **Manche Menschen halten andere auf Abstand, weil sie unsicher sind. Sie haben Angst vor Nähe und wissen nicht, wie sie damit umgehen sollen. Andere hingegen versuchen, ständig Nähe zu finden, beliebt zu sein und zu glänzen.**

- **Oft begegnen uns Menschen, die sich durch ihre Uniform oder der Marke, die sie repräsentieren, Respekt verschaffen wollen. Sie fühlen sich im wahrsten Sinne des Wortes bemächtigt, auf andere herabzusehen.**
- **Jede Form von Nähe oder Distanz, von Aktionismus oder Stillhalten hat einen persönlichen Hintergrund. Wer versucht, den anderen abzuholen und damit Balance zu schaffen, baut Brücken. Das Bild der guten Gastgeberschaft steht für diese Ausgewogenheit, in der sich Menschen entfalten können.**

Mehr Respekt – ab sofort

Beobachten Sie sich selbst, wenn Sie neue Kontakte schließen. Setzen Sie bei einem ersten Kennenlernen eher auf professionelle Distanziertheit oder treten Sie gleich den liebenswürdigen, freundschaftlichen Weg an? Das kann ein Hinweis auf Ihren Angst-Typus sein und Ihnen beim Aufbau Ihres natürlichen Respektes im Weg stehen. Zu viel Distanz schafft zwar meist Respekt, jedoch wirken Sie dadurch unnahbar, eventuell sogar arrogant. Ihr Umfeld hat es schwer, mit Ihnen in ein ungezwungenes Gespräch zu kommen. Zu viel Nähe verleiht Ihnen zwar oft Sympathie, verleitet andere aber möglicherweise dazu, Ihnen zu nahe zu treten und Ihre Grenzen nicht zu respektieren.
Achten Sie auf das Verhalten der Menschen in Ihrem Umfeld. Gehen Sie nicht von sich selbst aus und urteilen Sie nicht sofort. Jeder Mensch trägt seine Angst und Geschichte in sich. Wichtig ist, dass Sie für sich klären, wo Ihre Grenzen sind. Hinterfragen Sie für sich, ob Sie sich in einer Gesellschaft oder in einem Unternehmen wohlfühlen und woran das liegt. So können Sie Ihre Vorlieben und Grenzen definieren.
Haben Sie keine Sorge, dass Freundlichkeit Ihnen den Status nimmt. Ein grundlegend positives Verhalten anderen gegenüber verkörpert die »Art of Hosting«, ohne dabei auf eigene Grenzen zu verzichten. Mehr dazu im nächsten Kapitel.

Teil II –
Respekt, die helle Seite der Macht

7.
Haben Höflichkeit und gute Manieren ausgedient?

»

You must find the courage to leave the table if respect is no longer being served.

Tene Edwards (*1993), Schriftstellerin

«

»Wenn du dir nicht Respekt verschaffst, tanzen sie dir nur auf der Nase herum«, belehrte mich der Instruktor. Ich stand vor der Zertifizierung zur Lehrlingsausbilderin, war gerade einmal einundzwanzig Jahre alt und verstand nicht, was er meinte. »Klare Regeln, keine Ausnahmen, strenge Hand«, führte er seinen Ansatz weiter aus. Ich erinnere mich noch gut an diese harte Aussage – und an meinen ersten Gedanken: So bin ich nicht und so will ich nicht sein. Mich beeindrucken Menschen mit natürlicher Autorität, die es nicht nötig haben, im Businessumfeld mit militärischem Ansatz zu agieren. Dennoch war ich etwas verunsichert, als ich schließlich meine Tätigkeit als Ausbilderin im Unternehmen begann. Es waren drei Auszubildende, für die ich verantwortlich war – feine junge Menschen, die den kaufmännischen Beruf erlernten. Nichts war mir ferner, als im Kommandoton und ohne jede Freundlichkeit Befehle zu erteilen. Es war meine erste Führungsaufgabe, und ich versuchte es mit Empathie. Und siehe da – es funktionierte. Wir hatten ein prächtiges, freundschaftliches Arbeitsklima.

Leider übersah ich bei aller Nettigkeit, dass einer der Auszubildenden begann, das positive Verhältnis auszunutzen. Er verschwand immer häufiger zu Rauchpausen, blieb der Arbeit fern und fing an, sich auch mir gegenüber aufzuspielen. Sukzessive weitete er seine Grenzen aus und zeigte sich nach einiger Zeit sogar beleidigt, wenn ich ihn darauf hinwies, dass er sich wie alle anderen an die Pausen zu halten habe. Also beschloss ich, neue Saiten aufzuziehen und mich so zu verhalten, wie ich die Aussage meines Instruktors verstanden hatte. Vielleicht hatte er ja doch recht gehabt. Deshalb versuchte ich es auf die harte Tour: streng, unnahbar und leider auch etwas barsch im Ton. Bereits am ersten Tag meiner neuen Strategie musste ich mir eingestehen, dass das nicht funktionierte. Ich fühlte mich maskiert und lächerlich. Außerdem merkte ich, dass mein aufgesetzter Habitus alles andere als authentisch wirkte. Doch konsequent, wie ich nun einmal war, wollte ich zumindest für einige Tage dabei bleiben. Vielleicht gewöhnte ich mich ja daran und dann würde ich ganz selbstverständlich autoritär wirken.

Sie können es sich bestimmt schon vorstellen: Diese Übung war ein Flop. Nach meiner selbst auferlegten Probezeit schwenkte ich wieder zurück in mein gewohntes Verhalten. Ich hatte nun zwar das Problem nicht gelöst, aber ich war unendlich erleichtert, wieder ich sein zu dürfen. Zumindest hatte ich gelernt, dass beide Extreme nicht optimal waren. Also holte ich mir Schritt für Schritt das Beste aus beiden Welten: klare Ansagen auf der einen Seite, Höflichkeit und Empathie auf der anderen Seite. Für mich war es der Schlüssel zu einem authentischen Führungsstil, der mich fortan begleitete. Zu dieser Zeit begann ich mit meinem Wirtschaftsstudium neben meiner beruflichen Tätigkeit. Was wir dort über die klassischen Führungsmodelle lernten, war für mich hochinteressant. Mir war bis dahin nicht klargewesen, dass man daraus eine derartige Wissenschaft machen konnte. Ich begann, das, was ich täglich in meiner beruflichen Tätigkeit erlebte, mit den wissenschaftlichen Erkenntnissen und Modellen zu vergleichen. Bald stellte ich fest, dass es zwar kein Patentrezept für gute Führung gibt, allerdings jedoch einige Grundvoraussetzungen existieren, die den Nährboden für wertschätzende Zusammenarbeit bilden.

Empathie: Von Boden und Saat

Wer kräftig ernten möchte, muss geeignete Felder, die richtigen Böden, eine gesunde Saat und eine fachkundige Hand besitzen. Beginnen wir, einen dieser Faktoren zu ändern, so ändert sich auch das Ergebnis. Mehr Dünger bringt reichere Ernte, jedoch nur kurzfristig – dann ist der Boden nicht mehr brauchbar. Oder es wächst nichts mehr, wenn wir nicht immer noch mehr Dünger zugeben. Eine zu frühe Ernte bringt nur halb reife Früchte, die zwar gut aussehen, aber nicht den gewünschten Geschmack liefern. Es ist die Entscheidung des Bauern, ob er diese Abstriche in Kauf nimmt, um zum Beispiel früher am Markt zu sein oder kurzfristig mehr Ertrag zu haben. Der Preis dafür könnten tote Felder und ein schlechter Ruf aufgrund des unreifen Geschmackes sein. In der Volkswirtschaft nennt sich dieses Abwiegen der Chancen Opportunitätskosten.

Wenn wir mit Menschen zusammenarbeiten, zum Beispiel als Führungskraft, tritt dieselbe Gesetzmäßigkeit ein. Eine Führungskraft kann Bestrafungen androhen, Belohnungen versprechen oder Verlockungen einsetzen. In all diesen Fällen beginnt sie, am Verhalten und an der Beziehung zur geführten Person zu manipulieren. Viele Vorgesetzte gehen davon aus, dass Menschen nur dann ihre volle Leistung bringen, wenn sie eines dieser drei Hilfsmittel einsetzen. Der Managementberater Reinhard K. Sprenger schreibt in seinem Buch »Mythos Motivation« gar, dass Führungskräfte, die eines dieser drei Mittel anwenden, davon ausgehen, dass jeder Mitarbeiter grundsätzlich auf Betrug aus sei: Er bringe nur dann volle Leistung, wenn er von außen Anreize bekommt.

Wie bereitet man also den Boden im Unternehmen, dass eine Zusammenarbeit ohne Lockmittel oder Repressalien möglich ist? Wenn wir von den klassischen Produktionsfaktoren der Volkswirtschaft ausgehen, sind das Arbeit, Boden und Kapital. Wird einer dieser Faktoren über- oder untergewichtet, verändert sich das Ergebnis. Reduzieren wir den Faktor Arbeit – also die Leistung des Menschen im Unternehmen – auf seinen monetären Wert, so kommt der soziale Wert zu kurz. Der Mensch verhält sich im Laufe der Zeit tatsächlich so, dass er Anreize oder Drohungen benötigt, um die volle Leistung zu erbringen. Betriebswirtschaftlich haben sich die Unternehmen in den vergangenen Jahren zwar optimiert, da unser Wirtschaftssystem auf stetiges Wachstum ausgelegt ist. Die Opportunitätskosten gegenüber dem Menschen sind jedoch hoch. Auch, wenn es in vielen Fällen lange unentdeckt bleibt: Unzufriedenheit und mangelnde Wertschätzung führen zu mehr Krankenständen, zu hoher Fluktuation und geringeren Leistungen. Das ist der Preis, den wir bezahlen, wenn wir die »harten«, also die monetären Faktoren übergewichten. Zum Entstehungszeitpunkt dieses Buches ist der Arbeitsmarkt leergefegt, Demografie, Wirtschaft und geopolitische Lage sorgen für einen Mangel an Fachkräften. Dieser ist so stark, dass Unternehmen kräftigst und mit Feuereifer in ihre Rekrutierungsmaßnahmen investieren – und in ihre Unternehmenskultur. Endlich, wenn auch notgedrungen, scheint man sich auch um die weichen Faktoren zu kümmern, um Menschen zu gewinnen und im Unternehmen zu halten: Respekt, Wertschätzung und Vertrauen. Das klingt fast romantisch. Bis vor Kurzem haben noch ein Obstkorb, Firmen-Skitage und eine großzügige Weihnachtsfeier genügt. Heute ist das im besten Fall ein Kratzen an der Oberfläche.

Leider lassen sich Respekt, Wertschätzung und Vertrauen nicht per Dienstanweisung von heute auf morgen implementieren. Ein kultureller Wandel ist erforderlich, dieser benötigt Zeit und ein echtes Umdenken. Wer einmal eine ungesunde Partnerschaft erlebt hat, weiß, dass es ohne fremde Hilfe, Geduld und volles Bekenntnis von beiden Seiten so gut wie unmöglich ist, ein Level zu erreichen, auf dem beide glücklich und zufrieden sind. Genauso verhält es sich mit der Unternehmenskultur. Wenn kein tiefes Bekenntnis und die Bereitschaft zu Respekt, Wertschätzung und Vertrauen gegenüber den Menschen vorhanden ist, werden Boden und Saat nicht für dauerhaft gute Ernte sorgen. So berichtete Aaron von der wachsenden Kultur in seinem Start-up, die immer stärker von den Fängen seiner Mutterorganisation eingeklemmt wurde.

Bei allem Respekt: Der Tod der Wertschätzung

Aaron und Brian haben sich in Aarons Auslandssemester in den Vereinigten Staaten kennengelernt. Als technikbegeisterte Programmierer schmiedeten sie einen Plan, wie sie mithilfe einer App ein Problem im Produktionsprozess von Industriebetrieben lösen können. Sie wagen den Schritt und gründen ihr eigenes Unternehmen. Eine namhafte, große Industriegesellschaft wird aufmerksam und bietet ein attraktives Investment an. Die Gründer nehmen an und haben freie Hand beim Aufbau eines Teams.

Bald schon haben sie mit ihrem Start-up eine beachtliche Größe von vierundzwanzig Personen erreicht. Sie entwickeln einen Wertekodex, zu dem sich die Gründer und alle Menschen im Unternehmen bekennen. Zeitgleich beginnt allerdings das Industrieunternehmen, das gerade einen neuen Vorstand bekommen hat, Ansprüche auf Führung und Organisation zu erheben. Mehr Leistungskennzahlen werden gefordert, Arbeitsberichte und Reisekostenabrechnungen werden unter das Regelwerk des großen Investors gestellt. Aaron und Brian versuchen, den neuen Vorstand zu überzeugen, ihnen weiter freie Hand zu lassen. Sie haben bereits bemerkt, dass ihre Angestellten Energie und Motivation verlieren, da sie mit der strengen Reglementierung nicht zurechtkommen. Der Vorstand bleibt hart. Die Meetings laufen kühl und pragmatisch ab. Trotz guter Ergebnisse fühlen die Gründer sich wie ein Klotz am Bein des Investors, der sukzessive ein bedrohliches Szenario aufbaut. Schließlich werden den beiden immer höhere Ziele gesteckt – gleichzeitig zwingt man sie, Personal abzubauen. Die Stimmung in dem jungen Unternehmen ist am Gefrierpunkt, weder Aaron noch Brian haben Energie, in eine wertschätzende Kultur zu investieren. Wenn es nicht gelingt, den Vorstand zum Umdenken zu bewegen, wird ihr Traum vom eigenen Unternehmen mit einer wertschätzenden Führungskultur bald ausgeträumt sein.

Ist es möglich, hartes, bürokratisches Management mit weichen Faktoren wie Höflichkeit, Empathie und Wertschätzung zu vereinbaren? In dem Fall unserer jungen Gründer scheint es ausgeschlossen. Das Pflänzchen, das sie kultiviert haben, wird durch den Mangel eben dieser Faktoren sukzessive zugrunde gerichtet. Bestimmt können kurzfristig Erfolge erzielt und Potenzial abgeschöpft werden, doch auf die lange Frist sind die Chancen auf ein Weiterbestehen gering. Auch hier stellt sich die Frage: Welche Unternehmenskultur soll gepflegt werden? Oft wird unterschätzt, welch riesige Motivationskraft der Gestaltungsfreiraum auf Menschen hat. Das Start-up unserer beiden Gründer war im Begriff, eine Kultur der Wertschätzung und Vielfalt aufzubauen – heute sind sie auf dem Weg, wie ein sogenanntes Spin-off als ausgegliederter Teil ihres größten Investors zu agieren und dessen Kultur zu übernehmen. Es bedarf gegenseitigen Respekts für die jeweilige Führungskultur – der Investor ist ein etabliertes Unternehmen mit funktionierenden Strukturen und Prozessen. Die Menschen, die dort tätig sind, haben sich mit dessen Kultur arrangiert und sind vermutlich in diesem Umfeld auch zufrieden. Das Start-up baut eine andere, neue Kultur auf. Die Unternehmen können voneinander lernen und das Beste aus beiden Welten für sich nutzen. In großen Co-Working-Gemeinschaften wird dieses Konzept übrigens seit Jahren erfolgreich umgesetzt. Blicken Sie zum Beispiel hinter die Kulissen der bekannten Linzer Tabakfabrik in Österreich, so finden Sie einen gelebten Austausch zwischen etablierten und jungen Unternehmen. Sie sind dort in kleinen, offenen Büros eingemietet und nutzen das Netzwerk, um voneinander zu lernen. Respekt vor Bestehendem verbindet sich mit Respekt vor Neuem – beides kann und muss existieren, um das Wirtschaftssystem in einem gesunden Wachstum zu halten.

Höflichkeit und gute Umgangsformen

Doch es geht nicht nur um den kulturellen Bereich, wenn wir das Prinzip von Saat und Ernte betrachten. Wer Respekt und Einfluss gewinnen möchte, der muss sein Gegenüber zur Gänze wahrnehmen und ihm auch mit Respekt begegnen. Der Grundgedanke dazu war und ist die Höflichkeit. Sie entwickelte sich im Spätmittelalter als Gegenpol zu Grobheit und Barbarei. Der Hofadel wollte sich zivilisiert zeigen, jedoch eine gewisse Distanz wahren. Deshalb ist die Höflichkeit im Vergleich zur Freundlichkeit etwas distanzierter und geschäftlicher. Respektvolle Distanz, so wird die Natur der Höflichkeit häufig definiert. Das bedeutet, das es gewisser gesellschaftlicher Normen und Umgangsformen bedarf, um dieser Tugend gerecht zu werden. Dazu gehören zum Beispiel: Pünktlichkeit, die Verwendung der Wörter Bitte und Danke, andere zu grüßen und sich zu verabschieden. Es zählt auch zur Höflichkeit, schwächeren Menschen zu helfen, anstatt sich wie ein Barbar sofort auf das Buffet zu stürzen, um sich die besten Stücke zu sichern. Wer schon einmal in England war und dort öffentliche Verkehrsmittel benutzt oder vor einem beliebten Lokal auf den Einlass gewartet hat, weiß, was gute Umgangsformen sind. Hier wird nicht gedrängelt oder genervt zur Eile gemahnt. Wenn Sie in der U-Bahn als Fremder nicht gleich zur Seite treten, rempelt Sie garantiert niemand an – weder körperlich noch mit barschen Worten.

Höflichkeit gibt jedem Menschen die Chance, sich in eine Gesellschaft zu integrieren. Sie ist eine Tugend, die unabhängig von der Bildung oder von der sozialen Schicht erlernt und gepflegt werden kann. Wobei es unvergleichlich einfacher ist, wenn Höflichkeit und gute Manieren bereits im Elternhaus gelebt werden. Menschen, die mit diesen Tugenden aufwachsen, brauchen sich keine Gedanken darüber zu machen. Sie grüßen selbstverständlich, wissen um Stilfragen Bescheid und beherrschen die Sitten bei Tisch so natürlich, als würden sie täglich in Spitzenrestaurants ein- und ausgehen. Dabei ist das gar nicht vonnöten. Viele meiner Freunde sind wie ich in einfachen bürgerlichen oder handwerklichen Familien aufgewachsen. Ihre Eltern haben dennoch dafür gesorgt, dass sie beste Umgangsformen pflegen. »Nicht grüßen war eine Todsünde!«, konstatierte ein Freund scherzhaft. Ich verstehe sehr gut, was er meinte. Auch meine Eltern legten großen Wert darauf, dass wir Kinder uns zu benehmen wussten. Ich bin nicht sicher, ob es an meinem Alter liegt, dass ich das Gefühl habe, manche Werte ändern sich oder werden nicht mehr in der Form gepflegt, wie das noch in meiner Kindheit der Fall war. Aber mir fällt zunehmend auf, dass permanente Ablenkung und Multitasking uns den Fokus auf unsere Mitmenschen streitig machen.

Ich kann mich noch gut erinnern, als Anfang der 2000er-Jahre der Mobilfunk mit der Markteroberung von BlackBerry praktisch revolutioniert wurde. Wer im Businessbereich etwas auf sich hielt, verabschiedete sich vom guten, alten Tastenhandy und legte sich das ultimative Managergerät mit der vollständigen Tastatur einer Schreibmaschine zu. Darauf konnte man seine E-Mails abrufen und versenden (zumindest diejenigen, die es schafften, mit Erwachsenenfingern auf einer Puppenhaus-Tastatur zu tippen). Musste man bis dahin noch einen Anruf auf dem Handy vortäuschen, um aus unliebsamen Situationen oder Small Talks zu entwischen, so war das mit einem BlackBerry gar nicht mehr notwendig. Man trug das Gerät einfach ständig bei sich und gab vor, E-Mails zu lesen. In dem Beratungsunternehmen, für das ich damals tätig war, konnte man plötzlich mit keinem Kollegen mehr an der Kaffeemaschine plaudern, weil er so vertieft in seine elektronischen Nachrichten war. Der Flurfunk und der abteilungsübergreifende Austausch in der Kaffeeküche waren praktisch abgestellt. Grüßen und ein »Hallo, wie geht es dir?« auf dem Weg zum Meetingraum kam nur mehr selten vor. Wie Lemminge liefen alle mit dem Gerät vor dem Gesicht durch die Gegend. Mit einem Schlag schien jede Person, die eines BlackBerrys habhaft wurde (dazu musste man schon einen Fuß auf der begehrten Assistant-Manager-Karrierestufe haben), unabkömmlich und ständig mit dem Lesen und Beantworten lebenswichtiger Botschaften zu sein. Meine Kollegin und ich schüttelten oft die Köpfe und fragten uns, was passiert war, um diesen kollektiven Rückzug aus Höflichkeitsformen wie Small Talk, grüßen und dem Fragen nach dem Befinden auszulösen.

Zum Glück trat erstaunlich rasch eine Linderung ein. Es gab Kolleginnen und Kollegen, denen die Abhängigkeit von dem Gerät bei gleichzeitigem Verlust des menschlichen Umgangs offenbar auch nicht angenehm war. Sie ließen den BlackBerry ganz kühn auf dem Schreibtisch liegen und gingen somit quasi nackt zu Kaffeepausen und sogar zu Meetings. Ein Kollege sagte einmal zu mir: »Ich habe schon so lange niemanden mehr gesehen – also wirklich gesehen, wenn du weißt, was ich meine.« Ich wusste es. Doch leider sollte mit dem Einzug der Smartphones dieses Phänomen zur neuen Normalität werden. Mittlerweile ist es gang und gäbe, auf das Display des Smartphones zu starren und seine Mitmenschen vollkommen außer Acht zu lassen.

Bevor Sie nun aufstöhnen, weil ich mich wieder in eine meiner Smartphone-Ablenkungsgeschichten verliere: Die stetig steigende Beliebtheit von Knigge- und Umgangsformentrainings zeigt deutlich, dass Höflichkeit und gute Manieren nach wie vor einen sehr hohen Stellenwert haben. Doch sie sind nur möglich, wenn sie auch vorgelebt werden. Wie sollen Kinder lernen, mit Achtsamkeit durchs Leben zu gehen und Tugenden zu pflegen, die die Grundlagen für Respekt sind, wenn die Eltern selbst ständig abgelenkt und gar nicht mehr dazu fähig sind?

Bei allem Respekt: Der unnahbare Herrscher

Das Meeting war für 14 Uhr angesetzt. Seit zwanzig Minuten wartet das Team im Besprechungsraum. Der Kaffee ist bereits einmal nachgefüllt, die Small-Talk-Themen neigen sich dem Ende zu. Immer wieder der Blick auf die Uhr. Susanne, die Leiterin der Finanzabteilung, wippt nervös mit dem Knie. Verlegen sortiert sie zum zehnten Mal ihre Unterlagen und überprüft die Funktion ihrer Präsentation. Heute muss sie endlich die prekäre Situation im Finanzbereich ansprechen. Das Unternehmen steht vor einem Engpass, der sogar in eine Insolvenz münden könnte.

Der Vorstand will nicht erscheinen. Susanne ruft im Sekretariat an. »Er hat noch jemanden bei sich im Büro«, entschuldigt der Assistent seinen Chef. »Kannst du mir sagen, wie lange es etwa noch dauert?«, hakt Susanne nach. »Nein, du kennst ihn ja«, kommt es zurück. Weitere zehn Minuten später öffnet sich die Türe des Meetingraumes. Es wird augenblicklich still. Der Vorstand schreitet erhaben in den Raum. Ohne Entschuldigung und ohne die vorhandenen Teilnehmer zu grüßen, nimmt er Platz. Ganz nach dem Motto: Der König lässt warten. Susanne ist unsicher. Bei dem Vorstand weiß sie nie, wie sie dran ist. Er verzichtet vollkommen auf höflichen Austausch, hält ihn für »unnötige Schmeichelei«, wie er einmal in einem Interview der Redakteurin eines Magazins erklärte. Obwohl sie weiß, dass sie das Problem im Finanzbereich direkt ansprechen sollte, hört sie sich selbst ganz andere Worte wählen. Von »leichten Unstimmigkeiten, die wir aber sicher bald in den Griff bekommen, da bin ich überzeugt« spricht sie in studentisch-fleißiger Manier, statt klar auf den Punkt zu kommen. Auch das Team ist verunsichert, niemand wagt es, es deutlich auszusprechen: »Wenn hier nächsten Monat kein Eingang erfolgt, sind wir zahlungsunfähig.« Susanne weiß, dass der Schaden kaum noch abzuwenden ist. Dennoch flößt ihr das Gehabe des Vorstands derartigen Respekt ein, dass sie sich klein und nicht würdig fühlt, diese Botschaft zu überbringen.

Was in diesem Fall geschah, war ein fataler Irrtum des Vorstands, der sich auf die gesamte Kommunikation im Unternehmen auswirkte. Er hielt Höflichkeit für überflüssig und feierte seinen pragmatischen und respektlosen Stil. Schließlich gab ihm der Erfolg recht, so dachte er zumindest. Lange Zeit stimmte das. Doch es knirschte schon mehrere Monate im Gebälk – nur wagte das niemand auszusprechen. Zu unnahbar war der große König, und niemand wollte als Überbringer der schlechten Nachricht seinen Kopf riskieren. Dank einer glücklichen Fügung in Form einer gerade noch rechtzeitigen Überweisung und anschließender Konjunkturerholung seiner Branche sah ich den Namen des Unternehmens schließlich nicht in den Insolvenznachrichten.

Für mich ist heute klar: Egal, wie hart man durchgreifen muss – wir begegnen immer wieder Streit, Konflikten, unbequemen Situationen – es ist alles auch mit einem Mindestmaß an Höflichkeit möglich. Gute Umgangsformen sind der Türöffner zu Welten, die uns andernfalls verwehrt blieben. Sie sind der Türöffner für Menschen, die uns Informationen geben, die überlebenswichtig sind. Gute Umgangsformen sind die Grundlage für persönlichen Respekt.

Weniger reden, mehr hören

Wenn es um Höflichkeit und gute Umgangsformen geht, zählt für mich dazu auch die Bereitschaft, anderen zuzuhören und ihnen nicht ins Wort zu fallen. Es ist ein Akt des Respektes, besonders im Umgang mit Kunden, sie anzuhören und nicht einen Wortschwall über sie zu gießen, bevor sie überhaupt ihr Thema erläutert haben. Deshalb hat mich das Erlebnis an einem unserer Weinwochenenden sehr zum Denken bewegt: Eine neue Vinothek im Ort, das klingt doch gut. Wir kommen fast jedes Jahr für ein Weinwochenende hierher und sind gespannt, was es Neues gibt. Als mein Mann und ich das stilvoll gestaltete, aber menschenleere Lokal betreten, sehen wir links am Kassatresen einen jungen Mann sitzen. Er ist dem Namensschild nach der Gründer dieses Ladens. »Guten Tag, die Herrschaften!«, grüßt er uns mit affektiert altmodischem Tonfall, ohne das Handy wegzulegen oder sich vom Sessel zu erheben.

Wir fragen, ob denn noch geöffnet sei. »Ja, warum?« kommt es knapp zurück. Der Bursche ist ganz schön vorlaut. Nun möchte ich erst recht wissen, wie er seinen Job hier macht. Wer so süffisant und groß dran ist, muss auch liefern. Also schreiten wir zur Weinverkostung.

Ohne eine Frage zu stellen, rattert der Mann im Tempo eines Maschinengewehrs los: über Rebsorten, Bodenbeschaffenheit und Vorzüge des hiesigen Weines. Nebenbei befüllt er zwei Gläser. »Diese Sorte hier bevorzugen Männer. Frauen trinken lieber diesen fruchtigen Wein«, doziert er altklug. Dann rattert er weiter im Stakkato-Ton herunter, welche Ausbildung er genoss, warum er sich exzellent auskenne und in anderen Vinotheken kaum gutes Personal zu finden sei. »Und die Kunden müssen ja abgeholt werden, die kennen sich in der Regel nur sehr laienhaft mit Wein aus.« Anschließend führt er uns stolz durch die neuen Räumlichkeiten und bewirbt sie in höchsten Tönen für Firmen- und Familienfeiern. Kurz taxiert er uns mit einem Blick und ergänzt dann: »Oder wenn Sie einmal Ihr Eheversprechen erneuern wollen.«

Die enorme Präpotenz dieses selbst ernannten önologischen Halbgottes hat uns amüsiert, aber auch nachdenklich gemacht. Er hat uns keine einzige Frage gestellt und schien jede Menge über Menschen im Allgemeinen und seine Kunden im Besonderen zu wissen. Geschäft machte er leider keines mit uns. Er hatte ja keine Ahnung, dass wir die Gegend und die Weine hier gut kennen und klare Wünsche hatten. So hat er zwanzig Minuten lang umsonst sein Pulver verschossen. Möge dem Neo-Vinothekinhaber bald klar werden, dass so viel Selbstgefälligkeit nicht gut ankommt und respektlos wirkt. Leider ist er in eine der größten rhetorischen Fallen unserer Zeit getappt: Er hat keine Fragen gestellt und nicht zugehört. Egal, ob Business-Präsentation oder Treffen unter Freunden – wie oft glauben wir, ohnehin zu wissen, was unser Gegenüber braucht oder sagen möchte? Wir lassen den anderen nur ausreden, weil es die Höflichkeit gebietet. Doch wir hören nicht zu. Wir warten nur, bis wir selbst wieder reden können.

Reden ist Silber, Schweigen ist Gold. Das hat einen tiefen Sinn und ist eine Kompetenz, die charismatische, starke Persönlichkeiten auszeichnet. In der Kommunikation zählt es zu den fundamentalen Fähigkeiten: aktives Zuhören. Bevor Sie loslegen, machen Sie sich ein Bild Ihres Gegenübers und achten Sie genau darauf, was es braucht, worauf es Wert legt und wie es zu kommunizieren wünscht. All diese Punkte hat unser junger Weingott leider übersehen. Er hat mit diesem Verhalten nicht nur mit zwei Personen kein Geschäft gemacht, sondern muss auch den Konsequenzen Rechnung tragen – ohne es selbst zu wissen. Sie können sich bestimmt vorstellen, wie vielen Freunden und Bekannten wir diese Geschichte schon erzählt haben, wenn sie nach Weintipps für diese Region fragten. Und wir werden oft gefragt, weil wir uns schon lange mit Wein beschäftigen und die Region gut kennen. Doch dieses Wissen wird dem jungen Mann leider nie zuteilwerden. Dafür hätte er zuhören müssen.

Was in der Rhetorik Sprechdenken genannt wird, ist die Fähigkeit, spontan die richtigen Worte zu finden, und dabei bereits schlüssig weiterzudenken. Oft wird diese Fähigkeit damit verwechselt, einfach wild drauf loszutexten, komme, was wolle. Wenn wir jemanden als guten Rhetoriker oder glänzende Rednerin bezeichnen, so beziehen wir uns meist auf den Output – das, was wir zu Ohren bekommen und wie das auf uns und andere wirkt. Wir übersehen gerne, dass zuerst sehr viel Input notwendig ist. Eine Botschaft trifft nur dann ins Ziel, wenn sie Logos, Pathos und Ethos besitzt. Das lehrte bereits der Philosoph und Redner Aristoteles vor mehr als zweitausend Jahren: Wir müssen klar sein, welches Ziel wir mit unserer Rede erreichen wollen und wie wir es fachlich untermauern können, das ist Logos. Wir müssen wissen, wer unser Publikum ist und wie wir es in seinen Gefühlen und Denkweisen erreichen können, das ist Pathos. Und wir brauchen die Fähigkeit, Vertrauen aufzubauen, durch Moral und Höflichkeit, das ist Ethos. Können wir diese drei Kompetenzen verbinden, dann sind uns Respekt und nachhaltige Beziehungen gewiss.

KLARTEXT

- **Höflichkeit besteht in der Wahrung guter Umgangsformen, um anderen Menschen respektvoll zu begegnen.**
- **Wer gute Manieren beherrscht und seinem Umfeld mit Achtsamkeit begegnet, öffnet sich Türen zu Kreisen, die ihm andernfalls verschlossen blieben – und somit große Chancen auf wertschätzende Beziehungen.**
- **Bewusstes Zuhören ist eine Tugend und gibt nicht nur Kundenbeziehungen hohe Qualität. Es verleiht Respekt und Charisma – auch im privaten Umfeld. Wer hingegen glaubt, alles schon zu wissen, läuft Gefahr, das Wesentliche zu überhören.**

Mehr Respekt – ab sofort

Beim Aufbau natürlichen Respektes dienen Höflichkeit und gute Umgangsformen nicht nur als Türöffner, sondern auch als Balance zwischen Menschen. Selbst wenn wir fühlen, dass wir aus einem völlig anderen Umfeld kommen oder uns in einer anderen gesellschaftlichen Schicht bewegen, können wir durch gute Manieren einen Ausgleich schaffen.
Investieren Sie in Ihre Umgangs- und Verhaltensweisen anderen gegenüber. Belegen Sie ruhig wieder einmal einen Knigge-Kurs und frischen Sie Ihr Wissen auf – gerade im Businessbereich haben sich einige Umgangsformen mit dem Einzug von Gleichstellung, Digitalisierung und neuen Kommunikationsformen geändert.
Welche Tugenden im Umgang mit Ihren Mitmenschen sind Ihnen wichtig? Was erwarten Sie von Ihren Mitarbeitenden, von Ihren Freunden und Ihren Kindern?
Stellen Sie diese Tugenden jenen gegenüber, die Sie selbst im Alltag anwenden – herrscht hier Kongruenz? Oder erwarten Sie von anderen mehr, als Sie selbst zu geben bereit sind? Dann ist Handeln gefragt, denn was Höflichkeit und gute Manieren betrifft, gilt der altruistische Ansatz: zuerst geben, dann nehmen.

Teil II –

Respekt, die helle Seite der Macht

8.

Strategien, um Respekt aufzubauen

»

Wir glauben, Dialoge zu führen. In Wahrheit sind es oft überlappende Monologe.

«

Sie war eine Respektsperson. Anders kann man es nicht bezeichnen. Eine adrette Dame mittleren Alters, stets perfekt gekleidet. Vom Businesskostüm mit edlen Schuhen bis zum dezenten Schmuck, geföhnten Haar und teuren Lippenstift stimmte einfach alles. Wenn sie im Meeting erschien, war sie sofort im Raum präsent. Die Herren erhoben sich reflexartig, die Damen nickten ihr höflich zu. Als Mitarbeiterin der ersten Stunde stand sie der Geschäftsleitung sehr nahe und kannte das Unternehmen seit Dekaden, was ihr zusätzliche Autorität verlieh. Als ich neu ins Unternehmen kam, wurde ich in vorauseilendem Gehorsam von meinen Kolleginnen in Kenntnis gesetzt, mit wem ich es zu tun habe. Tatsächlich überraschte mich das Auftreten der Dame. Mit ihren gewählten Worten, der anmutigen Haltung und dem gesetzten Schrittmaß war sie zu perfekt, um nahbar zu sein. Doch das war offenbar ihre Masche, wie ich bald erkannte.

Sie zeigte offen, wem sie in ihren erlauchten Kreis Zutritt und etwas Nahbarkeit gewährte, indem Sie der betreffenden Person das Du-Wort anbot. Zu einer Zeit, als in Unternehmen noch grundsätzlich gesiezt wurde, war das ein Privileg. Mir schien damals, als böte sie das Du jenen an, die ihr zum Gesicht standen und ihr nicht gefährlich werden konnten. Alle anderen hielt sie mit dick aufgetragener Korrektheit auf professioneller Distanz. So schien sie es auch mir gegenüber zu bevorzugen. Sie behandelte mich mit ausnehmender Höflichkeit und blieb eisern beim Sie. Meinen Kollegen und Mitarbeitenden bot sie das Du-Wort an. Den Grund dafür fand ich nie heraus, doch ich fand dieses Verhalten unpassend und meine Kollegen machten sich lustig darüber. Ich musste zugeben, dass ihr Spiel auf perfide Art funktionierte. Sie baute einen Du-Kreis auf und schloss bestimmte Menschen aus. Ihre eigenen Angestellten behandelte sie ebenfalls auf diese Art, so sicherte sie sich nachhaltig Respekt, ohne dass jemand ihr zu nahekommen oder an ihrer Autorität zweifeln konnte. Das Spiel »Wir und die anderen«, also Zugehörigkeit und Ausschluss, funktioniert bei allen sozialen Wesen und hinterlässt ein unangenehmes Gefühl – vor allem bei den Ausgeschlossenen, aber auch bei vielen

Zugehörigen. So sehr man es belächelt und als kindlich abtut, es trifft die soziale Ebene, die in uns hinterlegt ist. Bei Menschen, die nach Nähe und Harmonie streben, kann dieses Spiel zu üblen Folgen und Kränkung führen, wie sie auch bei Mobbing auftreten.

Warum ich diese Erfahrung mit Ihnen teile? Das Vorgehen »Wir und die anderen« ist eine der Strategien, um Respekt aufzubauen. Es schafft Eliten, die sich über andere erhaben fühlen. Ich möchte hier nicht werten, denn die Wege zum Respekt sind unterschiedlich und unterliegen einer subjektiven moralischen Codierung. Das bedeutet, je nach eigener Geschichte, Herkunft und Verhaltenstypus beurteilen wir unterschiedlich, ob wir positiven oder angstvollen Respekt empfinden. Fakt ist jedoch, dass die Art, wie wir kommunizieren, bei unseren Mitmenschen zu einer bestimmten Wahrnehmung führt. Diese Wahrnehmung entsteht, sobald wir einem anderen sozialen Wesen begegnen. Sie ist tief in unserem Inneren hinterlegt. Unbewusst entscheiden wir: Freund oder Feind? Danach richtet sich umgehend unser eigenes Verhalten.

Wahrnehmung und Status

Sie haben richtig gelesen: Unser Verhalten wird durch eine Wahrnehmung bestimmt. Noch bevor wir ein inhaltliches Wort wechseln, nehmen wir aufgrund des ersten Eindrucks eine bestimmte Grundhaltung ein. Diese Grundhaltung kann Respekt, Sympathie, Mitleid, Belustigung oder Verachtung sein. Stellen Sie sich vor, Sie befinden sich in einer Zirkusvorstellung. Zuerst betritt der Direktor die Manege und eröffnet mit feierlichem Gehabe die Veranstaltung. Während das Publikum, beeindruckt von dem stolzen Auftritt, noch mit Hochachtung applaudiert, stolpert der tollpatschige Clown in die Manege. Sofort ist der Respekt verschwunden – Belustigung tritt an seine Stelle. Jetzt kommen Artisten mit glitzernden Kostümen und anmutiger Haltung. Bewunderung macht sich im Publikum breit. Spätestens, wenn der ganz junge Nachwuchs ehrgeizig seine Kunststücke vorführt, schmelzen die Zuseher vor Sympathie. Sie haben es bereits bemerkt: Die Dramaturgie im Zirkus, im Theater, in Filmen und Büchern schickt Sie auf eine emotionale Hochschaubahn und zieht alle Register auf der Skala Ihrer Gefühle.

Nun stellen Sie sich bitte vor, Sie betreten eine große, alte Kirche. Wie sind Ihre Bewegungen in diesen heiligen Hallen? Wie ist Ihre Stimme? Richtig: Sie machen kleine, zurückgenommene Bewegungen und sprechen leise – selbst dann, wenn Sie gerade der einzige Gast sind und den Ort nur besichtigen wollen. Allein die riesige Bauweise und die bombastischen Säulen, Figuren und Gemälde flößen uns Ehrfurcht ein. Ohne darüber nachzudenken, nehmen wir einen tieferen Status ein, weil wir Respekt empfinden. Dabei haben Sie sich noch nicht einmal in eine der viel zu engen Holzbänke mit der viel zu aufrechten Lehne gezwängt, die auch noch den letzten Widerstand einer würdevollen Haltung brechen. Große Gebäude stehen seit jeher als Symbol für Respekt. Vor etwas Großem wirken wir kleiner – das stellt automatisch ein Statusgefälle her. Machthaber setzen diese Wirkung genauso ein wie wirtschaftliche oder religiöse Institutionen. Menschen, die einen tiefen Status einnehmen, sind leichter steuer- und beeinflussbar als jene, die einen hohen Status und eine aufrechte Haltung einnehmen. Aus der Verhaltensforschung wissen wir, dass eine selbstbewusste, aufrechte Haltung auch ein aktiveres Kommunikationsverhalten generiert. Diese Menschen fühlen sich stärker, argumentieren sicherer und erheben eher Einspruch, wenn sie mit etwas nicht einverstanden sind.

Was passiert, wenn Sie vor anderen Menschen einen hohen Status einnehmen, indem Sie sich groß machen, Raum beanspruchen, deutlich sprechen? Ihr Gegenüber wird sich kleiner fühlen – es sei denn, Sie haben es mit einer Person von hoher Dominanz zu tun. Dann wird diese versuchen, ihrerseits noch höheren Status einzunehmen, um Sie zu übertrumpfen. Ich arbeite immer wieder mit Schauspielern, um das Gefühl für Status, Wahrnehmung und deren Nutzung in unterschiedlichen Rollen weiterzuentwickeln. Es hilft mir enorm, auf meiner eigenen Bühne präsent und für mein Publikum spürbar zu sein. Wer mit Status, Sympathie und Respekt arbeiten kann, ist auch in der Lage, die Kommunikation aktiv zu gestalten. Es ist ein Naturgesetz: Wenn ich die Kommunikation nicht führe, tut es mein Gegenüber. Also nehme ich bewusst die Führung in die Hand, wenn es mein Thema, meine Rede oder Präsentation ist.

Seien Sie der Hirte

Wer Respekt möchte, muss erst einmal die Akzeptanz der Gruppe erlangen. Sobald sich Menschen gruppieren, verändern sie ihr Verhalten. Sie arbeiten nicht mehr rational, wie sie es als Individuen tun würden, sondern beginnen sofort, sich zu vergleichen und den eigenen Status sowie jenen der anderen Mitglieder zu ermitteln. Besonders in kohäsiven Gruppen, das bedeutet, wenn die Menschen ein starkes Zusammengehörigkeitsgefühl haben, kann sich rasch eine kritische Masse bilden, die die Entscheidungen der Gruppe steuert. In der Psychologie spricht man von Gruppendenken. George Orwell hat in seinem berühmten dystopischen Roman »1984« daraus den Begriff »Doppeldenk« kreiert: Menschen werden durch schwammige, widersprüchliche Begriffe gesteuert, indem sie als Propaganda massentauglich gemacht werden. Durch die Unklarheit und Verwirrung wird es einfacher, neue Regimes und Befehle zu etablieren. Durch »Neusprech« führt das Regime in »1984« auch eine Veränderung der Alltagssprache durch. Wenn Denken und Sprechen beeinflusst werden, ist die Basis für Manipulation gelegt.

Das zeigt auch die Geschichte, wenn man etwa den Aufbau des Nationalsozialismus betrachtet. Um sich Respekt zu verschaffen, wurde in die sozialen Muster und Rituale der Bevölkerung eingegriffen – also dort, wo sich Gruppen bilden. Es wurden nicht nur neue Gesetze geschaffen, sondern auch kirchliche Feste ersetzt, staatliche Feiertage etabliert, Jugendorganisationen gebildet, um eine kohäsive Masse zu bilden, die sich steuern lässt. Durch Gruppendenken wird es für Individuen immer schwieriger, anderer Meinung zu sein. Sie werden angeprangert, gemobbt, ausgeschlossen. Die entsetzlichen Auswirkungen sind Geschichte – doch leider nicht vorbei. Denn überall auf der Welt werden diese Methoden wirksam praktiziert, von autoritären Regimes, religiösen Anführern und narzisstischen Wirtschaftsmagnaten. Besonders Letztere erhalten jüngst immer mehr Aufmerksamkeit. Wenn sich die Leader von Tech-Unternehmen wie Meta, Tesla, Apple, Amazon oder Alibaba zu etwas äußern, findet ihre religiös anmutende Gefolgschaft sofort salbungsvolle Zitate darin. Der Aktienmarkt spielt bei kleinsten Anspielungen auf Änderungen in den Organisationen bereits verrückt, weil eine Masse von Anlegern daran hängt. Nun kann man philosophisch werden und sich fragen: Wer steuert hier, was löst diese immense Massenwirkung aus? Ist es Mammon, der die Fäden zieht? Schließlich wollen Aktionäre Geld verdienen. Wären sie sonst arm? Bestimmt nicht. Denn wer sich Aktien leistet, nagt in der Regel nicht am Hungertuch. Aber was ist es dann?

Eine Erklärung dafür könnte sein, dass Menschen Anführer suchen. Haben sie sich zu einer Gruppe oder Gemeinschaft formiert, sei es als Verein, über Firmen- oder Staatszugehörigkeit oder durch das Investieren in Aktien oder andere Anlageformen, wird eine Direktive gesucht. Die Gemeinschaft wird somit zur Gefolgschaft – eine mitunter gefährliche Entwicklung. Was ich Ihnen damit zeigen möchte, ist, dass diese Mechanismen auch im Kleinen funktionieren, zum Beispiel im Besprechungsraum Ihres Unternehmens. Präsentiert eine Person, erwarten die anderen Teilnehmer, dass sie auch die Führung übernimmt. Tut sie das nicht, weil sie zum Beispiel unsicher oder nervös ist, so schwindet augenblicklich der Respekt der Gruppe. Durch die Spiegelneuronen im Gehirn fühlen sich die Teilnehmer ebenfalls unsicher, da sie unbewusst das Verhalten der präsentierenden Person auf sich übertragen. Spiegelneuronen sind Nervenzellen, die aktiviert werden, wenn wir eine Handlung beobachten, etwas hören oder auch nur daran denken. Es wird vermutet, dass sie mitverantwortlich sind, wenn wir uns von Gefühlen – seien sie positiv oder negativ – anstecken lassen.

Für mich ist das Bild des Hirten ein positiveres als jenes des Anführers. Ein Hirte erkundet neue Weiden, geht vor, geleitet die Herde zu saftigen Wiesen. Ein Hirte genießt natürlichen Respekt, weil seine Herde ihm vertraut und davon ausgeht, dass er nur Gutes für sie will. Ich verwende dieses Bild gerne, wenn ich Menschen in die Kompetenz des exzellenten Präsentierens einführe, und es funktioniert hervorragend. Versuchen Sie es, stellen Sie sich als Hirte – oder natürlich als Hirtin – vor. Sie müssen sich deshalb nicht Ihr Publikum als Schafe vorstellen, das würde zu weit gehen. Ich weiß das, seit ein Seminarteilnehmer in seinem Feedbackbogen an mich festgehalten hat, er sehe nicht ein, dass ich die Menschen in seiner Firma als Schafe bezeichne. Also verkneife ich mir das seither.

Bevor wir uns nun einige Methoden ansehen, wie Sie diese Hirtenrolle einnehmen können, möchte ich noch eine Geschichte mit Ihnen teilen, die mir eine Leserin gesendet hat.

Bei allem Respekt: Die chauvinistischen Kollegen

Als Juristin in einem Fachverband hat Carina anspruchsvolle Aufgaben. Sie berät die Verbandsmitglieder, wenn es um spezifische Herausforderungen ihrer Kunden geht und sie selbst nicht mehr weiterwissen. Um regelmäßigen Austausch mit ihren juristischen Kollegen sicherzustellen, findet einmal im Monat ein Thementag statt, an dem die aktuellen Fälle vorgestellt und diskutiert werden. Grundsätzlich ist Carina begeistert von dieser kollegialen Beratung und sieht großen Mehrwert für ihr Fachwissen darin.

Doch sie bemerkt seit einiger Zeit, dass immer dann, wenn sie mit ihrer Präsentation an der Reihe ist, die Aufmerksamkeit im Raum sinkt. Zuerst ist es nur ein Gefühl, dann beobachtet sie ihre Kollegen genauer. Die Laptops werden aufgeklappt, schnell eine Nachricht ins Handy getippt oder Kaffee nachgeschenkt. Carina überlegt, was sie tun soll: Wenn sie ihre durchweg männlichen Kollegen auf ihr Verhalten anspricht, wird sie vermutlich chauvinistisch als Oberlehrerin bezeichnet. Einer ihrer Kollegen hat ihr neulich schon zugetragen, sie wirke et-

was »unentspannt«. »Nichts für ungut, ist nur das, was so geredet wird«, hat er entschuldigend hinzugefügt, als er Carinas verständnislose Miene sah. Seither ist sie verunsichert. Sie muss sich Respekt verschaffen, aber wie?

Ich beende dieses Fallbeispiel bewusst mit einer offenen Frage – denn genauso hat mir die geschätzte Leserin geschrieben, mit der Bitte um einen Rat zur weiteren Vorgehensweise.

Aus meiner Erfahrung handelt es sich hier um ein klassisches Respekt- und Führungsthema. Man schenkt Carina weniger Aufmerksamkeit als den anderen. Mit hoher Wahrscheinlichkeit ist dieses Verhalten der Teilnehmer gar nicht beabsichtigt. Es ist die Wahrnehmung, die ihre Kollegen unbewusst steuert: Carina nimmt ihre Hirtenfunktion nicht ein. Sie setzt auf pure Professionalität und übersieht dabei, dass sie auch eine Beziehung zu den Teilnehmern aufbauen muss – auch, wenn es ihre Kollegen sind und sie sich gut kennen. Jedes Mal, wenn sie sich exponiert (das bedeutet in der Fachsprache, sich aus der Gruppe hervorzuheben, um einen Kommentar abzugeben oder etwas zu präsentieren), steigt sie aus der Rolle des Herdenmitglieds heraus und in die Funktion der Hirtin hinein. Ab dieser Sekunde ist sie nicht nur für ihre Präsentation, sondern auch für ihre Teilnehmer verantwortlich. Sie muss in kürzester Zeit Sicherheit, Vertrauen und Wertschätzung aufbauen. Kann die Gruppe das fühlen, wird sie ihr Respekt und Aufmerksamkeit zurückgeben. Sehen wir uns nun Schritt für Schritt an, wie wir diese drei Säulen aufbauen können.

Die Kommunikation des Respektes

Um Respekt zu erhalten, müssen wir also etwas tun. Wir können mit Machtspielen Unsicherheit und Misstrauen aufbauen, um so aus der Angst unserer Mitmenschen Respekt zu generieren. Diese Art des Respektes führt zu negativen Auswirkungen bis hin zu Kränkung oder Hass. Oder wir bauen positiven Respekt auf, dessen Nährboden Wertschätzung und Achtung ist.

In der Kommunikation stehen uns zum Aufbau von Respekt und Ansehen vier verschiedene Sprachen zur Verfügung. Nur eine davon ist die Wortsprache (verbal), alle anderen sind ohne Worte (nonverbal). Beginnen wir bei der Wortsprache, denn sie verfügt über immense Macht. Stellen Sie sich vor, Sie möchten, dass Ihre bessere Hälfte zu Hause den Müll nach draußen bringt. Wie formulieren Sie üblicherweise diesen Wunsch?

a) »Würdest du bitte den Müll rausbringen?«
b) »Möchtest du gerne den Müll rausbringen?«
c) »Heute könntest du einmal den Müll rausbringen.«
d) »Wenn du mich wirklich liebst, siehst du, wie du mir helfen kannst.«
e) »Bitte bring den Müll raus.«

Wenn Sie jetzt schmunzeln, verstehe ich das. Die meisten entdecken sich ganz klar in einer dieser Formulierungen. Und die wenigsten formulieren nach Beispiel E. Das gleiche gilt, wenn wir mit unseren Kindern sprechen. Wir sagen »Möchtest du den Tisch decken?« und sind enttäuscht, wenn das Kind Nein sagt. Dabei war die Frage für das Kind eine Entscheidungsfrage und es hat noch nicht verstanden, dass es in Wahrheit keine Entscheidung gibt, sondern Sie sich Hilfe erwarten. Wenn Sie jetzt sauer sind, stiften Sie zusätzlich Verwirrung. Keine gute Grundlage für eine gesunde Beziehung.

Im Berufsleben passiert es uns täglich: Kunden, Kolleginnen, Vorgesetzte äußern Ihre Wünsche in den unterschiedlichsten Formen – je nach Verhaltenstypus und emotionaler Verfassung. Dialektisch gesehen können Sie sich immer aussuchen, welchen Aspekt der Botschaft Sie behandeln. Wenn Ihnen Ihre Vorgesetzte ein Dokument auf den Tisch knallt und Sie anfährt: »Was haben Sie sich eigentlich dabei gedacht?«, dann können Sie wählen, wie Sie reagieren.

a) Sie sprechen die Emotion an: »Ich sehe, Sie sind sehr aufgebracht, was ist denn passiert?«
b) Sie sprechen die Sache an: »Worum geht es denn, bitte?«
c) Sie rechtfertigen sich: »Ich versuche doch nur, gute Arbeit zu leisten!«
d) Sie reagieren zynisch: »Das könnte vielleicht an unklaren Anweisungen liegen.«
e) Sie schießen scharf zurück: »Jetzt beruhigen Sie sich mal, und dann reden Sie höflich mit mir.«

Das gesprochene Wort entscheidet maßgeblich über den Verlauf des Gespräches, über Ihre Beziehung zur anderen Person und über das Resultat. Wir alle kennen Situationen, in denen wir bereits im Vorfeld einschätzen können, was bei welcher Reaktion passiert. Gehen wir bewusst damit um!

Zum gesprochenen Wort kommen nun die nonverbalen Aspekte. Unsere Körpersprache zeigt dem anderen, wie wir wirklich empfinden. Decken sich die beiden Ebenen, also Wort- und Körpersprache nicht, so stiften wir Verwirrung. Im Gegenüber entsteht eine sogenannte kognitive Dissonanz, es kann nicht mehr zuordnen, wie die Botschaft gemeint ist. Wenn mein Mann mich fragt, wie es mir geht, so verrate ich mit meiner Antwort nicht nur das. Ich zeige ihm zudem noch, wie ich zu ihm stehe, was ich wirklich fühle und was ich eigentlich möchte. Meine Antwort wird von meiner Körpersprache getragen. Dazu zählen meine Stimme, der Tonfall, meine Haltung und meine Gesten.

Der Kommunikationspsychologe Friedemann Schulz von Thun bezeichnet diese Möglichkeiten als vier Seiten einer Nachricht, die wir senden. Unser Empfänger hat seinerseits ebenfalls wieder vier Kanäle, auf denen die Botschaft ankommt. Die Mathematiker unter uns wissen, wie viele Möglichkeiten das ergibt und wie viele Möglichkeiten für Missverständnisse hier entstehen. Unsere Körpersprache lässt sich nur mit sehr viel Übung so steuern, dass wir andere täuschen können. Wollen wir Respekt aufbauen, so muss die Körpersprache authentisch sein und zur inhaltlichen Botschaft passen. Eine aufrechte Grundhaltung zum Beispiel zeigt Selbstbewusstsein und einen hohen Status. Sie passt nicht zu unklarem, nervösen Gestammel. Eine gebückte Haltung steht für Zurückhaltung, Defensive und tiefen Status. Sie passt wiederum nicht zu einer Botschaft, die dem Gegenüber klare Direktiven oder Informationen vermitteln soll. Wollen Sie Ihre Körpersprache einsetzen, um Respekt aufzubauen, so müssen Sie zuerst wissen, was Sie transportieren wollen. Seien Sie ehrlich: Formulieren Sie Ihre Botschaften klar und ohne Spielchen? Wenn Sie nur daran denken, verändert sich bereits Ihre Körpersprache. »Bitte bring den Müll raus«, sagen Sie aus einer aufrechten, selbstbewussten Haltung. »Wenn du mich wirklich liebst, siehst du, wie du mir helfen kannst«, sagen Sie aus einer kleinen, trotzigen Haltung. Auch die Mimik ist bei den Varianten eine jeweils andere, Sie sehen sie jetzt gerade vor Ihrem inneren Auge, nicht wahr?

Doch Wort- und Körpersprache sind nicht die einzigen Möglichkeiten, in unserer Kommunikation Respekt aufzubauen. Unser Gegenüber nimmt den größten Teil der Informationen zuerst mit dem Auge auf und fällt ein Urteil, mit wem es zu tun hat. Deshalb dürfen wir unsere Symbolsprache niemals unterschätzen. Welche Kleidung, welchen Schmuck, welche Accessoires tragen wir? Welche Frisur haben wir gewählt und ist das Gesamtbild gepflegt? Die Symbolsprache muss die inhaltliche Botschaft unterstreichen, sonst entsteht Dissonanz. Möchten Sie hochwertige Produkte verkaufen und verwenden im Verkaufsgespräch abgegriffene Broschüren und billige Schreibgeräte, haben Sie schlechte Karten, den Zuschlag zu erhalten. So ging es vor einiger Zeit einem Autoverkäufer, als ich mich für ein Auto interessierte und eine Probefahrt im Autohaus vereinbarte. Der Verkäufer bot mir einen Platz unter einem kahlen, verwahrlosten Gummibaum in seiner unaufgeräumten Verkaufskoje an. Zuvor hatte er noch eine Zigarette geraucht, das war nicht zu überriechen. Auf dem Tisch waren noch die Kaffeeränder einer abgestellten Tasse – inmitten unzähliger Fingerabdrücke, die das Sonnenlicht auf der Glasplatte so richtig zur Geltung brachte. Die Qualität der Gesprächsführung war eine Fortsetzung der Symbolsprache: unvorbereitet und unstrukturiert. Kurzum: Nichts passte zu dem Produkt, das als hochwertig, zuverlässig und Premium gelten sollte.

Sehen wir uns noch die vierte Ausdrucksform in unserer Kommunikation an, die Besitzsprache. Nichts löst so viel Diskussion aus wie Besitz, schließlich steht er für den Verteilungsaspekt unserer Gesellschaft und bildet somit neben persönlichen Aspekten wie Aussehen und Intelligenz die Basis für Neid. Das bedeutet gleichzeitig, dass es als erstrebenswert gilt, etwas zu besitzen – es bringt Status: Ich habe etwas, das du nicht hast. Die Besitzsprache äußert sich über Immobilien, Güter, Zeit und Raum. Hochwertige Immobilien in gefragter Lage zu besitzen, ist für viele das Statussymbol schlechthin. Man kommt nicht umhin, Firmen nach ihrer Lage zu beurteilen. So macht es einen Unterschied, ob Sie über ein erstklassiges Gebäude oder Büro in einer schicken Gegend verfügen, oder ob Ihre Adresse an einem unbeliebten Ort liegt – vorausgesetzt, Sie benötigen überhaupt eine Immobilie für Ihr Business. Neue Geschäftsmodelle funktionieren zunehmend rein virtuell und haben als Firmensitz eine Postadresse. Besitzsprache kann auch anders ausgedrückt werden, zum Beispiel in Form von Humankapital: »Für XY arbeiten bereits zweitausend Menschen!« Auf Social-Media-Plattformen sehen wir zudem eine ganz spezielle Art der Besitzsprache, die vor allem junge Menschen ansprechen soll: Fette Luxusautos, teure Uhren, hochangesagte Modelabels werden von attraktiven Influencern präsentiert – mit der gleichzeitigen Werbebotschaft: »Du kannst das auch schaffen!«

Besitzsprache im Kontext mit Respekt äußert sich aber noch viel alltäglicher. So zählen Zeit und Raum zu verteilbaren Gütern. Wer sich mehr nimmt, lässt den anderen weniger. Haben Sie schon einmal bemerkt, dass Sie bei Ärzten, Anwälten, hochgestellten Persönlichkeiten oder Vorgesetzten immer warten müssen? Der König nimmt sich die Zeit, hieß es schon in alten Tagen. Von Ihnen hingegen wird Pünktlichkeit erwartet – so werden Sie zum Höfling und Bittsteller. Das ist Machtspiel par excellence. Im Raum erkennen wir ein ähnliches Bild: Manche Menschen nehmen sich selbstverständlich mehr davon. Sie breiten sich am Besprechungstisch aus, sprechen lauter, öfter und länger als andere. Ihre Gesten sind groß und selbstbewusst. Im Extremfall sind sie so dominant, dass sie anderen sprichwörtlich die Luft zum Atmen nehmen.

KLARTEXT

- **Respekt entsteht über unsere Kommunikation, über das, was wir ausdrücken. Das meiste geschieht im unbewussten Bereich. Menschen haben unterschiedliche Verhaltensmuster, sie sind unterschiedlich sozialisiert und haben individuelle Ängste und Ansprüche.**
- **Die Wortsprache ist nur eine der vielen Ausdrucksweisen, über die wir Respekt aufbauen. Vieles passiert nonverbal, durch Körper-, Symbol- oder Besitzsprache.**
- **Wer bewusst beobachtet, kann die Sprachkanäle entdecken und sie sich zunutze machen. Ziel sollte immer Klarheit sein, indem wir die Ausdrucksweisen aufeinander abstimmen. Denn wenn das, was andere sehen und wahrnehmen nicht mit der gesprochenen Botschaft übereinstimmt, verlieren wir Aufmerksamkeit und Respekt.**

Mehr Respekt – ab sofort

Schärfen Sie Ihre Sinne, indem Sie bewusst beobachten und hinhören: Welche Kanäle der Kommunikation nutzen die Menschen in Ihrem Umfeld häufig? Wo entsteht Ungleichgewicht in den Ausdrucksweisen? Sprechen Sie es gezielt an, zum Beispiel mit einer höflichen Verständnisfrage: »Wie meinen Sie das?« oder »Welchen Punkt meinen Sie damit genau?«

Spüren Sie für sich bewusst, welche Gebäude, Menschen, Gesten und Symbole Ihnen Respekt einflößen und reflektieren Sie, warum das so ist. Das zeigt Ihnen Ihr eigenes Statusempfinden auf und verhilft zu mehr Klarheit im Umgang mit anderen Menschen.

Nutzen Sie Ihre Möglichkeiten, sich auszudrücken. Vergessen Sie dabei nie, dass es stets einen Preis hat, sich etwas zu nehmen und wiegen Sie vernünftig ab. Zuviel Hochstatus kostet oft Sympathie und kann zu Lasten wertvoller Beziehungen gehen. Zuviel Tiefstatus kostet Respekt und Aufmerksamkeit.

Die Frage, die Sie sich vor jedem Auftritt, Gespräch oder Meeting stellen sollten, ist: Was ist mein Ziel? Um das zu erreichen, präsentiere ich meine Botschaft kongruent und im bestmöglichen Licht auf allen Kanälen: in Worten, in Mimik und Gestik, in meinem Auftreten und meinen Symbolen und Unterlagen.

Teil II – Respekt, die helle Seite der Macht

9. Game over? Wenn der Respekt verloren ist

»

Der Dämon der Macht. Nicht Notdurft, nicht die Begierde – nein, die Liebe zur Macht ist der Dämon der Menschen.

Friedrich Nietzsche (1844–1900), Philosoph

«

»So beruhigt euch doch!« Verzweifelt rief der Lehrer über die lärmenden Schüler hinweg in den Klassenraum. Mit eingezogenen Schultern stand er hinter dem Lehrerpult und gestikulierte wild. Doch statt das gewünschte Decrescendo zu erreichen, wurde es noch lauter. Der Lärmpegel stieg, bis der Lehrer mit hochrotem Gesicht den Raum verließ. »Ich hole jetzt den Direktor!«, schrie er noch, bevor ihm die Stimme wegbrach. Die Geschichte ist nicht aus einem Film. Sie geschah tatsächlich, und ich war selbst dabei. Wir waren ein Haufen Dreizehnjähriger und nur schwer zu bändigen. Der Lehrer in diesem Fach hatte schulweit den Ruf, man könne sich bei ihm alles erlauben. So war unsere Erwartungshaltung zu Schulbeginn entsprechend. Er betrat am ersten Unterrichtstag die Klasse, wir beobachteten ihn nur kurz und hatten bereits beschlossen, ihn auf Herz und Nieren zu prüfen. Es stellte sich rasch heraus, dass er null Autorität besaß. Nach wenigen Minuten war es vorbei mit unserer Zurückhaltung. Wir hatten absolut keinen Respekt und begannen auszuprobieren, was wir uns in dieser – bisher unbekannten Verteilung der Macht – einem Lehrer gegenüber alles erlauben konnten.

Im Herzen tat er mir leid, doch ich war hin- und hergerissen. Schließlich war er auch selbst schuld mit seiner leisen, fast unverständlichen Stimme und seiner geduckten Haltung. Er schaffte es einfach nicht, klare Ansagen zu machen. Nicht am ersten Tag und nicht bis zum Ende des Schuljahres. Danach bekamen wir einen anderen Lehrer für dieses Fach. Ich weiß nicht, was aus dem Tiefstatus-Professor geworden ist und kann mir auch nicht vorstellen, dass er diesen mangelnden Respekt und die daraus resultierenden Mobbingattacken der Schüler lange ertragen hat.

Mich hat die Verzweiflung des Lehrers und die scheinbar unumkehrbare Situation damals schon bewegt. Als Teenager schloss ich daraus: Wenn der Respekt einmal verspielt ist, kann man ihn nicht mehr zurückgewinnen. Heute bin ich fast jeden Tag mit diesem Themenfeld betraut. Die Persönlichkeiten, die zu mir ins Coaching kommen, benötigen Respekt, um andere zu führen oder zu überzeugen. Sie arbeiten an ihrem Auftreten, an ihrer Kommunikation und Argumentation. Niemand möchte in das Dilemma meines Professors aus Jugendtagen kommen – ein Albtraum für alle, die mitten auf der Bühne des Lebens stehen. In diesem Kapitel will ich Ihnen zeigen, wie Respekt verloren geht, was die Auslöser dafür sind und was Sie tun können, wenn Sie ein Mindestmaß an Respekt benötigen, weil Sie sonst weder beruflich noch privat weiterkommen.

Gewinnen und verlieren: Respekt als Spielergebnis

Wir haben uns schon damit beschäftigt, wie Menschen bewusst oder unbewusst durch Spiele versuchen, Geltung zu erlangen. Schließlich ist jeder von uns selbst verantwortlich, wie er oder sie wahrgenommen wird.

Die Wurzel liegt im ersten Eindruck, soviel ist unbestritten. Unser Auge macht sich ein Bild, dann folgen die weiteren Sinne. Wir hören, wir riechen, wir schmecken – so, als würden wir eine Speise beurteilen. Unser Hirn ist faszinierend. Es hilft uns, gleich einmal einzustufen, woran wir sind, ob wir Angst haben müssen oder die Person attraktiv finden. Nach dieser Ersteinschätzung überprüfen wir den Wahrheitsgehalt dieser Annahme. Wir überbrücken wieder eine kognitive Dissonanz, nämlich jene zwischen erstem Eindruck und bisheriger Lebenserfahrung. Der Nobelpreisträger und Verhaltensökonom Daniel Kahneman beschreibt es als die Zusammenarbeit zweier Systeme im Gehirn: ein affektives und ein kognitives. Das affektive System entscheidet sofort und es bedarf einer intensiveren Recherche, wenn wir es eines Besseren belehren wollen. Im Falle meines Lehrers hätte die gesamte Schulklasse übereinkommen müssen, ruhig zu sein und ihn zu verstehen. Wir hätten ihm entgegenkommen, ihm helfen müssen – als Retter im Sinne des Dramadreiecks. Affektiv wurden wir jedoch sofort zu Tätern; das war seinem Opferverhalten und der Gruppendynamik geschuldet. Denn innerhalb der Gruppe bildeten sich sofort eigene Machtverhältnisse: Wer traut sich mehr, wer ist noch unverschämter? Diese Person erlangte mehr Ansehen.

Wir beobachten dasselbe Phänomen, wenn Verbrechen von Gruppen begangen werden. Ist ein Opfer gefunden, beginnen meist ein oder zwei Personen, es zu attackieren. Die anderen Gruppenmitglieder sind jetzt mitgefangen. Um nicht als Verräter zu gelten, müssen sie dabeibleiben. Um sich zu beweisen, müssen sie mitmachen. Wer sich mehr traut, erhält mehr Ansehen. Ein krankes Spiel, bei dem jeder Respekt vor dem Opfer verloren ist. Gelingt es dem Opfer nicht, den Spieß umzudrehen, endet das Spiel als »Gewinn« für die Täter. Ein beliebter Stoff für Theaterstücke, Kriminalgeschichten, Actionfilme und Thriller – hier erleben wir mit Genugtuung die dramaturgischen Wendepunkte, wenn das Opfer plötzlich zuschlägt und zum Rachefeldzug ansetzt.

Die oft verwendete Phrase des »respektvollen Miteinanders« funktioniert demnach nur beidseitig. Achten Sie darauf, nicht Mittäter zu werden, wenn andere unfair behandelt werden. Und lassen Sie sich nicht zum Spielball anderer machen, indem Sie eine Opferrolle akzeptieren. Oft genügt es, deutlich anzusprechen, was man wahrnimmt. Das bedeutet, Respekt zu zeigen und einzufordern, wenn es notwendig ist, damit Sie nicht in eine ähnliche Bredouille geraten wie Lisa.

Bei allem Respekt: Mobbing und Sexismus im Seminar

Mit einundzwanzig Jahren steigt Lisa nach dem Tod ihres Vaters als Nachfolgerin an der Seite der Mutter in den Handwerksbetrieb ein. Ihr Umfeld und die Kunden nehmen die Entscheidung anerkennend wahr und gratulieren ihr. Um gut gerüstet zu sein, beschließt Lisa, sich für einen Jungunternehmerkurs an einem bekannten Institut für Erwachsenenbildung anzumelden. Schon in der ersten Einheit fällt ihr auf, dass sie nicht nur die jüngste Teilnehmerin, sondern auch die einzige Frau in der Gruppe ist. Lisa denkt sich weiter nichts – im Handwerksbetrieb arbeitet sie auch vorrangig mit Männern. Anders sieht das der Kursleiter: Er ist ein Trainer der chauvinistischen Sorte und macht von Beginn weg Anspielungen auf Lisas Jugend und Weiblichkeit. Die Teilnehmer pflichten bei, lachen ab und zu mit – aus verlegener Höflichkeit und um das positive

Klima nicht zu stören, wie Lisa ein Kollege in der Pause mit schlechtem Gewissen erklärt. »Der Trainer geht schon etwas zu weit«, stellt er fest, »stört dich das gar nicht?« Lisa ist unschlüssig. Sie möchte nicht als spaßbefreit oder überempfindlich abgestempelt werden. Also sagt sie nichts. Der Trainer lässt nicht von ihr ab, und auch von der restlichen Gruppe kommt kein Einspruch – schließlich scheint es Lisa ja nichts auszumachen. Doch innerlich beginnt es, ihr bereits zuzusetzen. Lisa merkt, dass man sie nicht mehr respektiert. Doch sie fühlt sich geschwächt, weil sie sich in den vergangenen Kurseinheiten an den ihr zugeteilten Status irgendwie gewöhnt hat. Am letzten Kurstag setzt der Trainer dann zum großen Finale an: »Bitte gebt jetzt in der Abschlussrunde reihum Feedback zum Kurs. Und Lisa – bitte gib uns noch Feedback zu etwas, das wir alle seit Beginn wissen möchten: Stehst du eigentlich auf ältere oder jüngere Männer?«

Sie können sich vorstellen, dass Lisa die Luft weggeblieben ist. Als sie mir diese Geschichte erzählte, konnte ich förmlich spüren, was sie empfand. Dazu müssen Sie wissen, dass Lisa nicht der extrovertierte Typ ist, der immer einen flotten Spruch auf den Lippen hat und gleich einmal kräftig Paroli bietet, wenn es darauf ankommt. Lisa ist pragmatisch, professionell und darauf bedacht, einen guten Job zu machen. Das sind ihre Werte. Mit Mann-Frau-Themen oder Sich-durchsetzen-müssen hat sie nichts am Hut, für sie war es immer selbstverständlich, ihre Arbeit zu machen, unabhängig vom Geschlecht. Dass die Medien und ihr Umfeld den Umstand ihres Geschlechts und jungen Alters öfter betonten, war ihr eher unangenehm. Deshalb hatte sie in dem Jungunternehmerkurs stillgehalten und gehofft, die Lage würde sich beruhigen. Doch das Gegenteil war der Fall. Der Trainer hatte seine Machtspiele ausgeweitet, da er an keine Grenzen stieß. Und oft sind es genau diese Grenzen, die Menschen suchen. Es beginnt mit kleinen Anspielungen und wird ausgeweitet, wenn kein Widerstand da ist. Je länger man zuwartet, desto schwieriger ist es, zu einem Grundrespekt zurückzukehren. Der Faktor Zeit spielt eine wesentliche Rolle in der Entstehung von Konflikten – und im Abbau von Respekt. Der österreichische Ökonom und Konfliktforscher Friedrich Glasl zeigt in seinem Modell der Konflikteskalation, wie aus einer leichten Verhärtung der Beziehung ein Sturz in den Abgrund werden kann.

Die Eskalation der Respektlosigkeit

Wie in Lisas Fall beginnt der Respekt oft unauffällig zu schwinden. Am Anfang steht meist ein Spiel oder sogar nur ein Spielchen aus einer Laune heraus. Die Motive sind unterschiedlich. Friedrich Glasl beschreibt als Ausgangssituation für einen Konflikt häufig den Umgang einer Person mit den eigenen Schwächen, der zu inneren Anspannungen und Selbstzweifeln führt. Geschehen die ersten Übergriffe, so werden gerne mehr Personen oder Parteien einbezogen, um die eigene Meinung zu stärken und sich somit selbst recht zu geben. Themen werden absichtlich vereinfacht dargestellt, Probleme personifiziert. Taucht Kritik auf – in Lisas Geschichte könnte diese etwa von einem anderen Teilnehmer stammen, so wird gerne die Quelle der Kritik diskreditiert. Das bedeutet in diesem Fall, der Trainer weist den kritisierenden Teilnehmer zurecht, er habe ja keine Erfahrung mit Gruppen- oder Trainingssituationen. Vergeht nun noch mehr Zeit, verhärten sich die Fronten. Der Trainer handelt weiter oder schlimmer übergriffig (»Na warte, ich werde dich schon noch zu einer Reaktion bringen!«), die Teilnehmer lassen es geschehen (»Es hat ja doch keinen Sinn, etwas zu sagen.« oder »Nur noch zwei Einheiten, dann ist der Kurs ja vorüber.«) und Lisa verharrt in tatenloser Starre und plant spätere Rache (»Wenn das hier vorbei ist, dann werde ich mich beim Institut beschweren!«).

In diesem Fall handelte es sich nur um einen Kurs, in dem das Verhältnis der Beteiligten eine negative Richtung eingeschlagen hat. Die Auswirkungen sind dennoch nicht zu unterschätzen. Lisa hat mir die Geschichte ein Jahr nach den Geschehnissen erzählt – sie hat sie bei Weitem noch nicht verarbeitet und ist von Selbstzweifeln geprägt, warum sie sich diese Übergriffe vor versammelter Mannschaft gefallen hat lassen. Im Teilnehmerkreis gibt es, wie in solchen Konstellationen üblich, stets jene, die geschwiegen haben, aber ebenfalls von Selbstzweifeln geplagt werden, weil sie nicht aufgestanden und für ihre Meinung eingetreten sind. Der Trainer wird – sofern er nicht einen Verweis des Institutes erhalten hat – munter weitermachen und sein respektloses Verhalten dort einsetzen, wo man ihn lässt. Und das ist der Punkt: Lassen Sie ihn nicht! Sobald Sie mit der Kommunikation und dem Umgang in einer Gruppe nicht zufrieden sind, sprechen Sie es an. Unser Bauchgefühl zeigt uns schon längst vor unserem Verstand, wenn etwas unausgewogen ist. Kein Wunder, handelt es sich hier doch um unser affektives System, das Situation sofort und ohne unser Zutun scannt. Für unsere Vorfahren war das überlebenswichtig. Für uns ist es wichtig, wenn wir Respekt aufbauen und erhalten möchten, um gute Beziehungen und Ziele zu erreichen.

Aus der Konfliktforschung wissen wir, dass Zeit ein wesentlicher Faktor in der Eskalation ist. Je mehr Zeit vergeht, desto mehr stauen sich Emotionen auf. Wir kennen diese Entwicklung aus dem eigenen Leben: Manchmal wird aus einer Mücke ein Elefant, wenn wir zuwarten. Der Partner oder eine Freundin sagt oder tut etwas, das uns gegen den Strich geht. Nicht gleich wird gekontert, vorerst lässt man es einmal dabei beruhen. Nachdem es aber doch wurmt, ändern wir unser Verhalten, manche sind eingeschnappt, andere werden angriffslustig. Partner beziehungsweise Freundin bemerken zwar das geänderte Verhalten, lassen es aber vorerst ebenfalls so stehen, da sie gar nicht wissen, dass sie »Schuld« daran sind. Doch auch sie wurmt das unangebrachte Verhalten und sie verändern ihr Verhalten als Reaktion darauf ebenfalls. Schritt für Schritt verhärten sich beide Seiten. Das kann so schlimm werden, dass tagelang eisiges Schweigen herrscht, und keiner will es brechen. Jeder sieht sich im Recht, die Wut auf den anderen schwelt aufgrund der fehlenden Kommunikation inzwischen zu einem explosiven Gemisch mit dem Misstrauen. Bis der Zeitpunkt kommt, an dem das Ganze zum »Sturz in den Abgrund« führt, wie Glasl das bezeichnet. Die Lehre daraus: Wenn uns verändertes Verhalten auffällt, nicht zögern, sondern sofort ansprechen und nachfragen – ohne vorwurfsvoll erhobenen Zeigefinger, versteht sich.

Wir sind wir – Bildung von Eliten

Wenn unser innerer Antrieb nach Geltung so stark ist, dass wir Gleichgesinnte suchen, entsteht ein Phänomen, das sich in Gruppenbildung, Lobbying oder Eliten zeigt. Unbewusst suchen wir nach Gemeinsamkeiten, um stärker zu werden und uns von anderen abzuheben. Als in jüngerer Zeit ein Politiker in Österreich zu verstehen gab, er müsse nun »wie der Pöbel reisen«, nachdem er seinen Diplomatenpass abgeben musste – da wurde klar, wie der Aufstieg auf der Karriereleiter zu einem Elitedenken führen kann. Eine Freundin pflegt stets zu sagen: »Manche Menschen können mit Macht einfach nicht umgehen.« Ich spinne diesen Faden weiter: Wer mehr Macht bekommt, als seine Persönlichkeit mit allen Selbstzweifeln verträgt, verliert den Respekt vor anderen. Diese Macht finden wir jedoch nicht nur dort, wo Menschen beruflich Karriere machen.

Mein Mann und ich waren vor einiger Zeit im schönen Grado in Italien. Die erste Sommersonne genießen, bevor sie auch unsere Gefilde erwärmt, das war unser Ziel. Wir waren mit diesen Plänen nicht allein, wie wir bald feststellten. Jede Menge Landsleute älteren Semesters (damit meine ich nicht Italiener, sondern meine eigenen) schienen sich just zu jener Zeit dort einzufinden. In Gruppen versammelten sie sich in den Cafés und am Strand. Die Unterhaltungen waren laut und wurden zwanglos über mehrere Tische oder Strandliegen hinweg geführt. Man nahm sich kein Blatt vor den Mund, auch nicht, wenn das Personal der deutschen Sprache nicht mächtig war. In österreichischem Dialekt wurden Bestellungen aufgegeben und ungeduldig reagiert, wenn die Kellnerin nachfragen musste. Die Reisegruppen hatten andere Gäste vollkommen ausgeblendet. Einzig sie und ihre Gruppe schienen zu zählen. Bestimmt machten sie das nicht mit Absicht, aber ihr Verhalten war deshalb nicht minder respektlos.

Beruflich können wir dieses Phänomen beobachten, wenn die Mitarbeitenden von der Unternehmenskommunikation das Wir-Gefühl schon per Namensgebung geimpft bekommen. Im Sinne des Employer Branding werden bindende Maßnahmen ergriffen. Manche verpassen dem Firmennamen einfach ein Suffix, und schon haben wir die Frekkies, die Kabaner oder die XYnier – je nach Unternehmensname. Das schweißt zusammen und impliziert Zugehörigkeit. Dagegen spricht nichts, solange sich die Mitglieder aus freien Stücken mit dieser Kultur identifizieren. Immerhin geben sie damit ein Stück Individualität im Sinne der Gruppe ab, gleichsam der Bezeichnung »Wir Deutschen«, »Wir Müllers« oder »Wir Frauen«. Dieses Gruppenschild können wir immer vorhalten, wenn wir mehr Stärke brauchen. Es hat aber auch eine andere Seite: Wenn die einen inkludiert werden, werden die anderen automatisch exkludiert. Rhetorisch ist die Technik »Wir-ihr« ein hervorragendes Mittel zur Spaltung, das leider sehr oft eingesetzt wird, sowohl in der Politik als auch im gesellschaftlichen Kontext. »Wir-ihr« erzeugt Positionen, aus denen heraus argumentiert wird. Das Gemeinsame in der Gruppe wird betont, die Unterschiede zu anderen werden hervorgehoben und dramatisiert. Nichts ist einfacher als das, versuchen Sie es. Sie werden zu jeder Person, die Sie kennen, ein Merkmal finden, das Sie unterscheidet. Und Sie werden zu jeder Person, die Sie kennen, ein Merkmal finden, das Sie gemeinsam haben. Nun bilden Sie willkürlich eine Gruppe und heben Sie eine Gemeinsamkeit hervor, zum Beispiel Alter, Geschlecht, Art des Berufes, Anzahl der Geschwister oder einfach ein gemeinsames Interesse. Betonen Sie das Gemeinsame bei jeder Gelegenheit. Sie bemerken umgehend, wie sich Ihre Gruppe von anderen abspaltet oder sogar abhebt. So werden Eliten gebildet.

Die Gefahr dabei ist, dass der Respekt vor nicht Zugehörigen verloren geht. Der Effekt wird noch verstärkt, wenn bewusst unklar kommuniziert oder durch die Wahl der Worte Angst geschürt wird: »Es lässt sich nicht sagen, wie viele Flüchtlinge noch in unser Land strömen werden.« Das klingt ganz anders als: »Es gibt noch keine Prognose, wie viele Menschen in unserem

Land Zuflucht suchen.« Die Wahl der Worte hat eine große Macht, deren sich Politik und Medien bedienen, um Bilder in unseren Köpfen zu schaffen. Der Kontext, in denen man Botschaften darstellt, wird wissenschaftlich als Framing (übersetzt etwa Rahmungs-Effekt) bezeichnet. Wir können uns dieser Manipulation nur schwer entziehen, da wir ihr ständig ausgesetzt sind und sie gar nicht erst realisieren. Eine vielseitige Bildung und die (Selbst-)Erlaubnis, Dinge kritisch zu hinterfragen, ist ein möglicher Ausweg. Achten wir darauf, lieber noch einmal nachzuhaken, statt Aussagen automatisiert abzunicken – egal, ob am Stammtisch, im Betrieb oder im Freundeskreis: »Worauf begründet sich diese Aussage?« Damit muss die sich äußernde Person eine weiterführende Erklärung abgeben und kann sich schwerer mit hohlen Phrasen herausreden.

Respektloses Verhalten: Eingreifen oder ignorieren?

Bleibt zuletzt die Frage: Wie gehen wir mir respektlosem Verhalten um? Lohnt es sich überhaupt, aufzustehen und das Wort zu erheben? Es ist wohl wieder eine persönliche Frage, die einen philosophischen Ansatz enthält. Schließlich geht es nicht nur um uns selbst, sondern auch um unsere Mitmenschen. Weiter vorne haben wir bereits über Altruismus gesprochen und am Beispiel des barmherzigen Samariters erklärt, welche Gründe es gibt, anderen Respekt entgegenzubringen und zu helfen.

Nun betrachten wir unser Handeln in Situationen, in denen wir Respektlosigkeit direkt in unserem Umfeld erleben. Hätten die Teilnehmer in Lisas Unternehmerkurs eingreifen müssen? Und vor allem: wie, um nicht gleich ins Dramadreieck zu rutschen? Oft wird es von der respektlos behandelten Person selbst nicht goutiert, wenn sich jemand einmischt. Ich habe beobachtet, wie Paare sich in die Haare bekommen und ein Partner respektlos oder übergriffig wird. Mischt sich eine fremde Person ein, so bekommt diese eine barsche Zurückweisung – und zwar von beiden Streitparteien: »Kümmern Sie sich um Ihre eigenen Angelegenheiten!«

Oft ist es die Angst vor Zurückweisung, die andere abhält, einzugreifen. Oder es ist reine Bequemlichkeit; schließlich hat man selbst schon genug Sorgen. Tatsächlich ist der Grat schmal. Sich in fremde Angelegenheiten einzumischen, wird nicht gerne gesehen, man wirkt als aufdringlich oder altklug, wenn man Ratschläge erteilt. Eine elegante Art des Einmischens ist Aufmerksamkeit: Wenn Sie respektloses Verhalten orten, so signalisieren Sie durch Ihren Blick und Ihre Körpersprache, dass Sie es sehr wohl wahrnehmen und beobachten. Überlegen Sie für sich, was Sie bewirken, wenn Sie etwas sagen. Wenn Sie sich entscheiden einzugreifen, so tun Sie es bedacht und nicht aus dem Affekt. Sonst spiegeln Sie unbewusst die Emotion der anderen und heizen möglicherweise die Lage noch mehr auf.

Um ein letztes Mal auf Lisas Fall zurückzukommen: Ja, verdammt noch einmal, die Teilnehmer hätten eingreifen müssen. Und zwar nicht um Lisas willen, sie ist erwachsen, es gab keine Gewalt und sie kann sich selbst verteidigen; sondern um einer guten Kommunikationskultur willen. Wollen Sie, dass in Ihrer Gruppe ständig eine Person fokussiert und gebissen wird? Sicher nicht. Das ist keine Kultur, in der solide Gespräche und Ergebnisse erzielt werden. Gruppendenken und ungesunde Kohäsion sind die Folge – das Gegenteil optimaler Resultate.

Ganz im Sinne Friedrich Glasls und seiner Konfliktforschung: Je früher wir einschreiten, desto höher sind die Chancen, noch zu einem respektvollen Umgang zurückzukehren. Wichtig dabei ist, dem Angreifer trotz seiner Respektlosigkeit im ersten Zug die Würde zu lassen – und damit die Möglichkeit, selbst sein Verhalten zu ändern. Ist dies nicht der Fall, so wird das Verhalten direkt angesprochen und die Person aktiv zur Änderung aufgefordert. Betont wird dabei stets das gemeinsame Interesse, zum Beispiel ein bestimmtes Ziel zu erreichen oder eine Gesprächskultur zu etablieren. Mit dem gemeinsamen Interesse verhindern Sie ein Einzementieren in Positionen und geben immer wieder eine Chance, die Position ohne Gesichtsverlust zu ändern.

Ich weiß, das sieht auf dem Papier einfacher aus, als es in der Praxis ist. Doch Wegsehen ist keine Lösung, schon gar nicht, wenn wir selbst Respekt erwarten. Wir bekommen das zurück, was wir einzahlen. Greifen wir beherzt, aber respektvoll ein, so bringt es uns Ansehen. Packen wir jedoch gleich die Brechstange aus, lösen wir vielleicht schnell, aber sicher nicht nachhaltig einen Konflikt. Erinnern Sie sich an Ihre Kindheit, was Erwachsene von Ihnen verlangten, wenn Sie in einen Streit mit einem anderen Kind verwickelt waren? Wenn es Ihnen ging wie mir, wurden Sie ausgeschimpft, ermahnt und dann kam die gefürchtete Anweisung: »Und jetzt gebt euch die Hände und vertragt euch wieder!« Ich fand das so entsetzlich, dass ich mich als Kind nach wenigen Monaten weigerte, den Kindergarten weiterhin zu besuchen. Ein Mädchen hatte mir jeden Tag meine Jause weggenommen und mir die Wurst aus dem Brot geklaut. Sie war gehässig, biss und kratzte mich, wenn ich mir zurückholen wollte, was mir gehörte. Nach einigen Tagen hielt ich es nicht mehr aus und holte unter Tränen die Kindergärtnerin zur Hilfe. Genervt stellte sie das Mädchen und mich gegenüber und hielt uns beiden eine gehörige Standpauke – ihr, weil sie »böse« war und mir, weil ich gepetzt hatte. Danach mussten wir uns vor versammelter Gruppe die Hände reichen und uns entschuldigen. Ich war damals fünf Jahre alt und erinnere mich heute noch haargenau, so einschneidend war dieser Eingriff, der Respekt schaffen sollte und dabei Narben hinterließ.

Dieses Ereignis ist einer der Gründe, weshalb ich Fairness und den Umgang mit Respekt und Macht bis heute sehr genau beobachte. Meine Erfahrung ist, dass radikales Eingreifen aus einer Emotion heraus immer Spuren hinterlässt – sowohl als übertrieben und vorschnell ausgesprochenes Lob als auch als aggressiv und enttäuscht geäußerter Tadel. In beiden Fällen wird affektiv gehandelt und es ist keine Klarheit vorhanden. Klarheit kann nur durch Innehalten und Fokussieren aufgebaut werden, niemals durch Hitzköpfigkeit.

KLARTEXT

- **Wenn Menschen in Gruppen zusammenkommen, besteht immer eine Tendenz zur Kohäsion. Das bedeutet, dass sich Gemeinsamkeiten finden und immer stärker herausbilden.**
- **Dieses Phänomen führt dazu, dass sich einzelne Personen hervortun und durch ihre Dominanz einen Steuerungseffekt haben. Die Gefahr ist, dass die Gruppe nicht mehr stark genug ist, respektloses Handeln zu beurteilen und einzugreifen.**
- **Wenn sich der Fokus innerhalb einer Gruppe auf eine einzelne Person richtet und diese respektlos behandelt wird, sollte das keinesfalls toleriert werden.**
- **Je früher ein Eingreifen in respektlose Handlungen stattfindet, desto weniger Emotion ist im Spiel und desto einfacher lassen sich Konflikte noch abwenden.**

Mehr Respekt – ab sofort

Um selbst Respekt und Ansehen aufzubauen, ist der Blick auf andere wesentlich. Nehmen Sie die Umgebung bewusst wahr und vertrauen Sie auf Ihr Bauchgefühl, wenn eine Situation verbal oder in Taten auf Kosten einer anderen Person geht.

Wenn Sie respektloses Verhalten bemerken – stehen Sie auf und sprechen Sie es an! Sie brauchen nicht Heldin oder Retter zu spielen, doch überlegen Sie nicht lange, wenn sich eine Situation der Respektlosigkeit entwickelt. Tun Sie es mit Bedacht und atmen Sie vorher durch, sodass Sie nicht affektiv und hitzköpfig reagieren. Warten Sie nicht, bis es jemand anderer tut, sondern übernehmen Sie die Verantwortung für Ihr eigenes Handeln. Wer eine Situation mit klaren Worten und ohne Schuldzuweisungen anspricht, setzt ein Zeichen des Respekts.

Trainieren Sie dieses Agieren, indem Sie gleich heute eine unbequeme Sache ansprechen. Das muss nicht unbedingt mit respektlosem Verhalten zu tun haben, sondern dient dem Erarbeiten Ihrer neuen Routinen. Zum Ansprechen eignen sich am besten Ich-Botschaften: Beschreiben Sie Ihre Wahrnehmung der Situation. Fragen Sie dann die andere Person nach deren Wahrnehmung und laden Sie sie ein, gemeinsam Lösungswege zu finden. In der Rhetorik nennen wir diesen Dreisatz »Ich-Du-Wir« und stellen damit sicher, dass im gemeinsamen Interesse argumentiert wird.

Teil III –
Wir brauchen mehr Klarheit

10.
Was will ich eigentlich?
Klarheit finden

»

Um klar zu sehen, genügt oft ein Wechsel der Blickrichtung.

Antoine de Saint-Exupery (1900–1944),
Schriftsteller und Pilot

«

Es hätte eigentlich ein gemütliches Wochenende werden sollen. Nach einer fordernden Arbeitswoche, unserem Gartenbauprojekt und privaten Terminen planten wir für dieses Wochenende gar nichts. Null. Keine Termine, keinen »nur einen schnellen Kaffee« mit Nachbarn. Kennen Sie dieses Gefühl, wenn ein vollkommen freier Tag vor Ihnen liegt? Ich liebe das, nichts entspannt mich mehr als dieser Gedanke. Doch an diesem Freitag war alles anders. Ich war ungeduldig, wollte noch alles Mögliche erledigen: das Haus putzen, einkaufen, vorkochen, für den Abend schön dekorieren. Dann war da noch die neue Lampe, die mein Mann eigentlich montieren wollte – ich erinnerte ihn gleich daran, dass er das noch schnell machen könnte. Alles, damit wir es dann gemütlich haben. Nur war es bereits Freitag, 17 Uhr und etwas unrealistisch, die gesamte selbst aufgestellte Agenda noch abzuarbeiten. Also krempelte ich die Ärmel hoch und strengte mich noch mehr an.

Schließlich schafften wir es, um 21 Uhr beim Abendessen zu sitzen. Alles war sich ausgegangen, schöne Kerzen standen auf dem Tisch, das Essen war vorzüglich. Nur ich selbst saß in T-Shirt und Jogginghose da. Ich hatte keine Zeit mehr gefunden, mich um mich selbst zu kümmern. »Sei entspannt!«, erlegte ich mir als nächste Weisung selbst auf. Sie können sich vorstellen, dass das nicht gut ging. Kurz nach dem Essen, mein Mann räumte noch die Küche auf, brach ich zusammen. Mein Kopf pochte und ich hatte das Gefühl, nicht mehr klar denken zu können. Alles in mir war durcheinander. Habe ich auch wirklich jede Aufgabe erledigt? Gibt es für morgen noch etwas zu tun? Was steht nächste Woche auf dem Programm? Wer bringt unseren Sohn zu der Geburtstagsfeier? Gehört nicht im Garten noch eine Leitung verlegt? Ich konnte das Wirrwarr einfach nicht stoppen. »Halt!«, schrie ich in mich hinein, doch es funktionierte nicht. Ich nahm ein Magazin und blätterte darin. Vielleicht würde mich das ablenken und ich könnte mich endlich entspannen. Inzwischen war mein Mann mit zwei Espressi zum Tisch zurückgekehrt. Genervt legte ich das Magazin weg – ich hatte doch gerade erst angefangen, mich in einen Artikel einzulesen, schon taucht wieder mein Mann auf! »Wenn du möchtest, leg dich aufs Sofa und lies ein wenig, wir brauchen nicht zu reden«, bot er verständnisvoll an. »Nein, passt schon!«, murrte ich zurück. Das traf ihn, ich sah es an seiner Mimik. Ich verhielt mich höchst unfair, projizierte meinen eigenen Stress auf unsere Beziehung und zog meinen Mann mit hinein. Ich konnte vor lauter Stress nicht mehr klar denken, hatte den Fokus verloren. Und statt einfach einmal innezuhalten, zog ich mir aus dem Magazin schon die nächste Information in meinen Kopf. Ich machte wie automatisiert mehr vom selben – obwohl ich merkte, dass es mir nicht guttat.

Fokusverlust durch permanente Ablenkung

Wir redeten noch lange an diesem Abend. Ich musste zugeben: Mein Stress war im wahrsten Sinne des Wortes hausgemacht. Niemand hatte mir angeschafft, den gesamten Haushalt und alles, was sich irgendwie in Reichweite befand, exakt heute und in dieser kurzen Zeit in Schuss zu bringen. Wir erwarteten keine Gäste und auch sonst würde niemand kommen und die Qualität der Haushaltsführung bewerten. Das wäre mir ohnehin egal, denn ich selbst war meine schlimmste Kritikerin. Ich stellte fest, dass dieses geschäftige Treiben für mich irgendwie zu einer Sucht geworden war. Durch viel Arbeit und viele Interessen verlangte mein Gehirn einfach ständig nach Aufgaben und Futter. Innehalten war fast unmöglich.

Dasselbe Phänomen beobachte ich auch bei anderen Menschen, zum Beispiel wenn ich reise und in öffentlichen Verkehrsmitteln unterwegs bin. Sobald eine Person zur Haltestelle kommt und warten muss, zückt sie das Handy und beginnt, über das Display zu streichen. Kaum hat sie im Bus oder Zug platzgenommen, wird wieder das Gerät aus der Tasche gezogen und das Streichen geht weiter. Und ich? Ich bin keinen Deut besser. Die Unterhaltung durch das Smartphone scheint einen gewissen Belohnungsreflex auszulösen, den wir immer wieder haben müssen. Studien zeigen den Zusammenhang mit anderen Süchten – zum Beispiel Spielsucht. Allein der Gedanke an einen Gewinn löst schon das Gefühl der Belohnung aus. Etwas Ähnliches passiert, wenn wir das Smartphone zur Hand nehmen: Es könnte etwas Neues geben und allein der Gedanke an diese Möglichkeit löst ein Glücksgefühl aus. Deshalb erscheinen immer wieder neue Beiträge, wenn ich auf Facebook, Instagram und LinkedIn nur kurz nachschaue, was sich so tut. »Nur kurz nachschauen« ist der reinste Selbstbetrug, das ist mir bewusst, seit ich die Zeit einmal mitverfolgt habe: Jedes Mal, wenn ich meine Arbeit unterbreche, das Handy nehme, um »nur kurz« zu schauen, was es Neues gibt, vergehen fünfzehn bis zwanzig Minuten. Zeit, in der ich großteils unnützes Wissen aufnehme, oder irgendwelche Aktivitäten und Fotos von irgendwelchen Personen ansehe, die mich eigentlich gar nicht interessieren. Wertvolle Lebenszeit, die ich für andere Aufgaben nicht mehr habe. Dann hetze ich durch den Tag und alles stresst mich. Ich verliere vor lauter Aufgaben den Fokus.

Neurowissenschaftler wie Dar Meshi von der Universität Michigan State belegen diese Entwicklung. In einem eigenen Social & Media Neuroscience Lab wird zum Einfluss von Social Media auf unser Gehirn geforscht. Verhalten, das Belohnungen auslöst, wie Glücksspiel, Videospiele oder Social Media macht ebenso süchtig wie substanzielle Drogen. Wir brauchen immer mehr davon, um uns gut zu fühlen. In meiner Arbeit als Coach berichten mir immer mehr Menschen, dass sie mit der ständigen Informationssucht kämpfen. Manche verabschieden sich für eine bestimmt Zeit oder dauerhaft von Social Media, um wieder klar im Kopf zu werden.

Unwillkürlich muss ich dabei an meine Kindheit denken, als am Ende der Straße noch ein bewirtschafteter Bauernhof stand. Die Bauersleute waren den ganzen Tag am Feld oder im Stall. Am Abend, wenn die Arbeit getan war, saßen sie auf der Hausbank. Sie saßen dort einfach. Ohne Handy, ohne Buch, ohne eine Flasche Prosecco oder irgendein anderes Genussmittel. Sie saßen einfach da und schauten. Wenn jemand vorbeiging, hoben sie freundlich die Hand zum Gruß. Gelegentlich wechselten sie ein Wort, doch meist war da einfach Stille. Heute buchen viel beschäftigte Manager einen Platz im Schweigekloster oder einer Eremitenstube, um Stille zu finden, weil sie keine andere Möglichkeit mehr sehen.

Kein Wunder also, dass wir auch im Kommunikationsverhalten aus dem Lot sind. Wie wollen wir klar kommunizieren, mit unseren Partnern, Kindern, Kolleginnen und Mitarbeitenden, wenn wir selbst nicht klar denken können? Unser Gehirn kann gar nicht verarbeiten, was wir permanent an Reizen und Informationen hineinstopfen. Ein Kunde erzählte mir eine treffende Erfahrung, die er in einem seiner letzten Jobs gemacht hat.

Bei allem Respekt: Unklarheit als Jobkiller

Raffael ist begeisterter Marketingprofi. Wenn es darum geht, Konsumverhalten zu analysieren und Verkaufsflächen in Supermärkten optimal zu gestalten, greifen Unternehmen gerne auf seine Expertise zu. Kein Wunder, schließlich beschäftigt er sich seit mehr als fünfzehn Jahren mit diesem Thema.

Nun ist eine renommierte Kette der Konsumgüterbranche auf ihn aufmerksam geworden. Ein Headhunter wirbt ihn an und Raffael nimmt schließlich das Angebot an. Er soll ein Point-of-Sales Marketingteam mit zwölf Mitgliedern führen. Im Einstellungsgespräch präsentiert er seine Schwerpunkte und seinen Ansatz. Sein zukünftiger Vorgesetzter zeigt sich begeistert. In den ersten Wochen muss Raffael sich einarbeiten und ist zu beschäftigt, um nach konkreten Zielen zu fragen. Doch eigentlich weiß er nicht, was von ihm erwartet wird. Als Raffael schließlich nach klar definierten Zielen fragt, bemerkt er, dass sein Vorgesetzter ungeduldig reagiert. Statt diese mit Raffael zu vereinbaren, überträgt der Vorgesetzte ihm nun konkrete, unangenehme Aufgaben. Er soll Stellenbeschreibungen adaptieren und zur Last gewordene Mitarbeiter kündigen. Raffael hat das Gefühl, sein Vorgesetzter gibt ihm diese Anweisungen, um sich nicht mit klaren Zielen beschäftigen zu müssen. Offenbar kennt er selbst das Ziel nicht. Der Vorgesetzte ist unzufrieden und genervt von Raffaels Nachfragen. »Ich erwarte mir mehr Eigeninitiative in dieser Position«, lässt er Raffael schließlich wissen und überreicht ihm die Kündigung.

Was für ein Dilemma. Als Außenstehende sehen wir, wie sich das Unausweichliche abzeichnet. Doch auf dem Spielfeld ist gar nichts klar. Raffael versucht verzweifelt, konkrete Erwartungen herauszufinden. Der Vorgesetzte versucht seinerseits, diese Definition zu umgehen, weil er selbst keine Klarheit hat. Das kommuniziert er jedoch nicht an Raffael. Stattdessen gibt er ihm Scheinaufträge, um ihn zumindest für kurze Zeit beschäftigt zu halten und sich nicht mit der Fokussierung beschäftigen zu müssen. Aus dieser kommunikativen Asymmetrie entsteht Verwirrung – sie kann nicht mehr gelöst werden und führt schließlich zur Kündigung.

Die Schwierigkeit der Situation entstand aus meiner Sicht nicht durch eine mangelnde Eigeninitiative, wie Raffaels Vorgesetzter ihm vorwirft. Mitarbeitende tun sich schwer, konkrete Pläne zu entwickeln und umzusetzen, wenn sie keine klare oder eine utopische Zielsetzung von ihren Vorgesetzten bekommen. Ich nehme in der Beratung oft wahr, dass Führungskräfte selbst so überarbeitet und abgelenkt sind, dass sie den Fokus längst verloren haben. Sie sind jedoch im Hamsterrad gefangen und sehen keinen Ausweg, außer noch härter zu arbeiten, noch mehr Multitasking zu betreiben. Das Dilemma liegt darin, dass sie häufig ihre operativen Aufgaben beibehalten, obwohl sie mehr Führungsaufgaben bekommen. Irgendwann ist das Limit erreicht, denn in einen Ein-Liter-Krug passt eben nur ein Liter. Der Rest läuft über den Rand und rinnt bestenfalls ungenutzt weg. Im schlechteren Fall bricht der Krug irgendwann. Die erste Aufgabe einer Führungskraft ist deshalb, einen Fokus zu finden und die dazugehörigen Prioritäten zu setzen. Dies von einem Mitarbeitenden zu erwarten, ist so, als würde ein Blinder versuchen, einem anderen die Farben zu beschreiben.

Leider wird das aktive Finden von Klarheit nur allzu gerne übergangen – weil sich alles so rasant bewegt, der Tag so voll ist und wir von hunderten Dingen abgelenkt werden. Wenn Sie so wie ich noch aus der analogen Generation stammen: Wie oft am Tag haben Sie in der Firma Ihre Post erhalten? Bei uns kam am Vormittag die Hauspost und in dringenden Fällen rief die Dame am Empfang vielleicht am Nachmittag noch einmal an, dass eine Kuriersendung eingetroffen sei. Also zweimal täglich die Post checken, dazwischen gab es noch das Telefon, aber auch das konnte man nur annehmen, wenn man direkt am Arbeitsplatz saß. Keine Störungen in Meetings, keine »Sie haben eine Nachricht!«-Sternchen und Signale auf mindestens fünf unterschiedlichen Kanälen. Keine E-Mail-Programme, die auf automatisches Empfangen von Nachrichten werkseingestellt sind.

Die Flut der Informationen hat sich vervielfacht. »Wir müssen an einem Tag so viele Informationen verarbeiten wie unsere Großeltern in einer Woche«, stellt der deutsche Kommunikations- und Rhetorikspezialist René Borbonus in einem seiner Vorträge fest, »dafür bewegen wir uns in einer Woche so viel wie unsere Großeltern an einem Tag.« Er weist dabei auf eine in Studien häufig genannte Entwicklung hin: die kognitive Müdigkeit. Permanentes Multitasking, ständiges Aufnehmen von Informationen und der allgegenwärtige Hochleistungsanspruch setzen uns unter Dauerstress. Wir sind nicht mehr fähig, abzuschalten. Viele Menschen nehmen ihr Smartphone sogar mit ins Bett, nebst Tablet und E-Reader, versteht sich. Nur für den Fall, dass auf dem Flat-TV-Screen im Schlafzimmer gerade nichts Passendes läuft.

Aufgewirbelte See

Haben Sie schon einmal versucht, Ihr Spiegelbild in einer Wasseroberfläche zu erkennen? Das ist ganz einfach, wenn das Wasser ruhig und die Oberfläche glatt ist. Ist es aufgewirbelt, haben Sie keine Chance. Sie sehen nur verschwommene Fetzen, so sehr Sie sich auch bemühen. Genau darin liegt auch das Problem, wenn es um die eigene Klarheit im Kopf geht. Wenn alles aufgewirbelt ist, finden wir keinen Fokus, egal, wie sehr wir uns anstrengen. Wir brauchen zuerst einen Kontext, der Fokussierung überhaupt möglich macht.

Geht es im Unternehmen drunter und drüber, ändern sich ständig Prozesse oder bleibt aufgrund eines Umbruches im Markt kein Stein auf dem anderen? Befinden Sie sich in einer Krise, laufen alle wild durcheinander? Dann wird es schwierig, klare Direktiven zu erhalten. Aus meiner Praxis in der Unternehmenskommunikation habe ich eines gelernt: Seien Sie vorbereitet! Erarbeiten Sie in ruhigen Zeiten Konzepte für Veränderungen und Krisen. Das geht so weit, dass Sie auch auf kriminelle Handlungen vorbereitet sein müssen – denken Sie nur an einen Hackerangriff. Wer erst überlegt, was zu tun ist, wenn alle Systeme infiziert, gesperrt oder bedroht sind, hat schlechte Karten. Kriminelle machen sich schwache Systeme mit unklaren Prozessen und Zuständigkeiten gerne zunutze – sie können so noch einfacher in Systeme eindringen und ihr Opfer so erpressen.

»Ich habe keine Zeit, über so etwas nachzudenken!«, sagte mir die Geschäftsführerin eines mittelständischen Unternehmens. »Wenn Sie wüssten, worum ich mich den ganzen Tag kümmern muss. Da bleibt mir nicht einmal Zeit, um Luft zu holen«, erklärte sie ihr Dilemma. Ich verstehe die Geschäftsführerin gut, geht es ihr doch wie dem Holzfäller mit der stumpfen Axt: Der Holzfäller rackert bis zur Erschöpfung, in jeden Baumstamm schlägt er zig Male, bis er ihn durchhackt. Seine Axt ist stumpf, deshalb braucht er immens viel Kraft, um zum gewünschten Ergebnis zu kommen. Eines Tages rät ihm sein Kollege, die Axt doch zu schärfen. »Keine Zeit, ich bin mit meiner Arbeit schon so weit zurück!«, erwidert der Holzfäller, ohne auch nur eine Sekunde innezuhalten.

Die Arbeit zu unterbrechen, eine Pause zu machen und sich Zeit zum Denken zu nehmen, bedeutet für viele Luxus – ein Luxus, den sie sich nicht gönnen. Denn es muss weitergemacht werden. Womit eigentlich? Egal, wie unsinnig die Arbeit ist, wie oft wir in jeder Stunde ins E-Mail-Postfach und in alle Apps schauen und sofort alles bearbeiten, was hereinkommt. Wir arbeiten blindlings ab, nur um der Arbeit willen. Wir verwechseln Effizienz mit Effektivität – weil wir ersteres für das Richtige halten. Alles, was uns erreicht, was wir in Sicht- und Griffweite haben, sofort und schnell erledigen, das verstehen wir unter guter, effizienter Arbeit. In kürzester Zeit (oder in der Zeit, die wir für uns selbst als Arbeitszeit definieren) so viel wie möglich abarbeiten, das ist effizient. Doch tun wir auch das Richtige? Oder gibt es Aufgaben, die gar nicht notwendig sind? Aufgaben, die wir abgeben oder statt zehn Mal täglich nur zwei Mal ausführen können? Das zu optimieren ist Effektivität. Und plötzlich wird Zeit frei, die wir zur Verfügung haben, um zur Ruhe und zum Denken zu kommen. Der US-Berater und Coach Timothy Ferriss beschreibt in seinem Buch »Die Vier-Stunden-Woche« auf unterhaltsame Weise, wie wir glauben, effektiv zu sein und in Wahrheit unseren unhinterfragten Mustern nachlaufen. Ich verstehe ihn gut – mein Muster ist ein ganz ähnliches. Ich habe gelernt, dass man mit Fleiß etwas erreichen kann, und Personen, die ich respektierte, ermutigten mich stets, fleißig zu sein. Doch Fleiß heißt in dieser Denkweise nicht »work smarter«, sondern »work harder«. Zumindest übernahm ich das für mich so. Und mit dieser Einstellung bin ich nicht alleine. Mein Mann bekam in einem Mitarbeitergespräch von seinem Vorgesetzten trotz höchster Zufriedenheit einmal das Feedback: »Aber du machst es dir schon einfach, du wählst immer den leichteren Weg.« Wenn der leichtere Weg zum selben Resultat führt, ist er in dieser Denkwelt weniger deutlich wert – schließlich kann nur harte Arbeit auch richtig gute Arbeit sein.

Deshalb ist mir heute Klarheit so wichtig: Ich vergaß über lange Zeit, innezuhalten und nachzudenken, was ich eigentlich will. Viele meiner Kunden und Kontakte teilen dieses Schicksal. Erst die jüngere Generation, die jetzt in den Arbeitsmarkt eintritt, scheint das Hamsterrad zu überdenken und Arbeit neu zu definieren. Doch bedeutet das, dass sie deshalb effektiver sind? Ich bezweifle es. Denn die Sucht nach Ablenkung und permanenter Information ist zu stark. Ob Alt oder Jung, wir sind von viel zu viel Information und Einflüssen umgeben. Wir wissen viel, doch wir können das Wissen in dieser Menge nicht verarbeiten und anwenden.

Mich zwang einst eine schwere Grippe in die Knie. Mein Körper zeigte mir deutlich, dass Schluss ist mit Multitasking, mit Konflikten, mit dem Hinterherlaufen eines Zustandes, der nie eintreten wird. Erst da hielt ich inne, nahm Papier und Stift und dachte nach, was ich wirklich will. Nachdenken, ein seltsames Wort. Fast haben wir es verlernt, was das eigentlich bedeutet. Nachdenken ist anstrengend für unser Gehirn, es kostet Energie und wir sind grundsätzlich auf Energieoptimierung getrimmt. Nachdenken müssen wir uns daher vornehmen und uns bewusst darauf einlassen. Das heißt: Ruhe, Handy in einen anderen Raum legen oder abschalten (viele wissen übrigens gar nicht, wie das geht). Hinausgehen an die frische Luft – im Gehen kommen die besten Gedanken. Hinsetzen und die Ergebnisse zu Papier bringen.

Klarheit finden ist nicht so einfach, wie es scheint. Unsere Tage sind aufgewirbelt, es ist wie eine Sucht, immer mehr zu tun, ständig Informationen aufzunehmen und im Vollbetrieb zu laufen.

Ist doch klar, oder?

Wenn wir über Kommunikation sprechen, gibt es einen Fallstrick, der den meisten Menschen schon einmal zum Verhängnis geworden ist: Wir glauben, klar zu kommunizieren und unser Gegenüber glaubt, klar zu verstehen. Was herauskommt, ist weder das, was wir selbst gemeint haben, noch das, was der andere interpretiert hat. Asymmetrie begleitet unsere Kommunikation im Alltag. Manchmal wird sie ganz bewusst genutzt – wir suchen uns einfach aus, was wir verstehen wollen. Viel öfter passiert es jedoch unbewusst. Das hängt zum Teil von unserer Wahrnehmung ab, die selektiv ist und bestimmte Dinge einfach ausblendet. In der Psychologie wird dieses Phänomen damit erklärt, dass unser Gehirn stets nach Mustern sucht, die es bereits kennt.

Die Information, die wir erhalten, ist mehr als jene, die wir tatsächlich wahrnehmen. Mehrere Wahrnehmungsfilter stehen dazwischen. Sind wir zum Beispiel hungrig, nehmen wir den Geruch oder den Anblick von Speisen stärker wahr als andere Dinge. Sind wir auf der Suche nach einem neuen Auto und informieren uns über eine bestimmte Marke, so fällt diese uns plötzlich viel häufiger auf. Das gleiche passiert in der Kommunikation. Je nachdem, womit wir uns beruflich oder privat beschäftigen, nehmen wir Informationen stärker wahr. Dabei bestätigen wir grundsätzlich unsere eigenen Thesen und Annahmen – es kommt zum Bestätigungsfehler, der seit den 1960er-Jahren erforscht wird. Wir ermitteln und filtern Informationen so, dass sie unsere eigenen Erwartungen erfüllen. Der englische Denkpsychologe Peter Wason war einer der Vorreiter auf diesem Gebiet und untersuchte die Neigung zur bestätigenden Wahrnehmung (confirmation bias) in verschiedenen Experimenten, die bis heute weitergeführt werden. Die Algorithmen der Social Media arbeiten nach dem Prinzip der Bestätigungsneigung – so schlägt mir Facebook zum Beispiel stets Beiträge aus einer bestimmten politischen Richtung vor. Besonders in der Zeit der COVID-19-Pandemie sah man die zunehmende Bildung von Lagern in den Social Media. Die Anhänger der jeweiligen Positionen wurden genau mit den ihre Meinung bestätigenden Informationen gefüttert. Damit wurden die Standpunkte immer härter, die Argumente immer aggressiver. Man verkeilte sich in Positionen – das hatte bei vielen auch fatale Auswirkungen im realen Leben: Familienmitglieder überwarfen sich dauerhaft, Freundschaften wurden gekündigt und Dienstverhältnisse aufgelöst.

Nicht nur einmal klagten leitende Personen aus Unternehmen in Gesprächen mit mir, dass sie Mitarbeiter verloren haben, weil diese die Schutzmaßnahmen nicht mittragen wollten. Dabei ging es um keine wirklichen Einschnitte in die Lebensqualität, doch die Stimmung war von Politik, Medien und vor allem den virtuellen Plattformen so aufgeheizt, dass die Wahrnehmung nur mehr auf die eigene Meinung und Position bezogen war. Einen echten Diskurs mit Argumenten zu führen, einander zuzuhören und die Möglichkeit einer Meinungsänderung in Betracht zu ziehen, war unmöglich geworden. Mit ein paar Jahren Abstand erscheint dieses Verhalten beinahe undenkbar. Viele können nicht mehr nachvollziehen, was sie damals so aufgeregt hat, dass sie ihre wertvollsten Beziehungen aufs Spiel gesetzt haben. Doch es ist passiert und schuld ist unsere Wahrnehmung, die uns selektieren und die eigene Meinung bestätigen lässt. Das ist natürlich eine beschönigte Form und Ausrede, sich aus der Verantwortung zu ziehen: »Ich kann ja nichts dafür, das war meine selektive Wahrnehmung und üble Manipulation durch die sozialen Medien!« Vielleicht ist diese Ausrede ein eleganter Weg, den einen oder anderen Beziehungsriss zu kitten. Uns sollte dabei aber bewusst sein, dass doch wir selbst es waren, die sich für eine Position entschieden haben. Mehr Respekt und weniger vorgefertigte Meinung wären hilfreich gewesen. Wie können wir also diese Asymmetrie in der Kommunikation ausgleichen? Zum einen müssen wir uns deutlich machen, was wir selbst wollen. Das ist die Basis dafür, es auch anderen zu kommunizieren. Zum anderen brauchen wir Verständnis und ein offenes Ohr für unser Gegenüber. Schalten wir nicht gleich auf stur, wenn wir auf eine andere Meinung stoßen. Hinterfragen wir stattdessen mehr.

KLARTEXT

- **Wir konsumieren den ganzen Tag über Informationen, erledigen Aufgaben automatisiert und hinterfragen kaum, was davon wirklich notwendig ist. Dabei neigen wir dazu, die eigene Meinung zu bestätigen. Wir nehmen selektiv wahr – bevorzugt das, was unseren Erwartungen und Interessen entspricht. Alles andere blenden wir unbewusst aus.**
- **Zur Ruhe kommen, einmal nichts tun oder gezielt andere Meinungen hören, ist für viele Menschen unmöglich geworden. Wie bei anderen Verhaltenssüchten sind wir getrieben, immer mehr aufzunehmen, bis zur totalen Ermüdung.**
- **Wer Klarheit finden möchte, muss sich von Ablenkung frei machen und Raum zum Denken nehmen – eine Aufgabe, die nur bewusst und mit äußerster Konsequenz funktioniert.**

Mehr Respekt – ab sofort

Hinterfragen Sie kritisch, welche Ihrer täglichen Aufgaben wirklich notwendig sind – sowohl beruflich als auch privat. Eliminieren Sie Tätigkeiten, die nicht notwendig sind, auch, wenn Sie es bisher anders gewohnt waren. Definieren Sie gleich jetzt eine Sache, die Sie künftig nicht mehr machen werden. Nur eine Sache, um ins Training zu kommen, zum Beispiel das unnötige Lesen von Werbematerial.

Beobachten Sie die Zeit, die Sie am Handy verbringen und legen Sie es einfach einmal in einen anderen Raum. So sind Sie weniger verleitet, »nur kurz« hineinzuschauen.

Finden Sie Möglichkeiten, Aufgaben zu delegieren. Warum nicht das Angebot einer Unterstützung bei einer Arbeit annehmen, das Mitbringen eines Kuchens zu einer Einladung oder eine Haushaltshilfe engagieren? Es bringt enorme Erleichterung und verschafft Ihnen Zeit für Dinge, die Sie schon immer machen wollten, die Ihnen Freude oder ein lukratives Einkommen bereiten.

Klarheit zu finden ist die aus meiner Sicht schwierigste Aufgabe unserer Zeit. Doch es lohnt sich so sehr, innezuhalten und zu optimieren. Sehen Sie es als Investment und Basis für Ihre weitere berufliche und private Laufbahn.

Teil III – Wir brauchen mehr Klarheit

11. Die eigene Rolle erkennen und gezielt ändern

»

In jeder Rolle, die du spielst, steckt ein bestimmter Anteil von dir selbst drin. Das muss so sein, sonst ist es einfach keine Schauspielerei. Dann ist es Lügen.

Johnny Depp (*1963), Schauspieler

«

»Oh nein, bitte keine Rollenspiele. Das ist nur künstlich und hat nichts mit dem echten Leben zu tun«, monierte ein Teilnehmer im Verhandlungstraining. Mit dieser Meinung ist er nicht allein. Immer wieder sprechen mich Menschen in Seminaren und im Coaching an, ob Rollenspiele und Ähnliches denn wirklich sein müssen. Es reiche doch, den jeweiligen Lerninhalt in der Theorie durchzuarbeiten – allein mit dem Wissen würde es in der Praxis dann wie am Schnürchen laufen. Als Musikerin mit langjähriger Orchesterlaufbahn kann ich solchen Rollenspiel-Muffeln eines mit einhundertprozentiger Sicherheit sagen: Ohne proben läuft gar nichts. Kein Orchester, keine Band, kein Chor und kein Theaterensemble würde auf die Bühne gehen, ohne vorher lange und intensiv geprobt zu haben. Die Rollen müssen sitzen, die Akteure müssen sich sicher fühlen, sonst springt die Unsicherheit auf alle anderen über – bisweilen sogar auf das Publikum.

Wer sich auf seinen Auftritt auf der Bühne des Geschäfts- oder Privatlebens vorbereitet, tut ebenfalls gut daran, seine Rolle zu proben. Das ist erst möglich, wenn die Rolle definiert und klar ist. Und davor haben viele Menschen Hemmungen. Es lebt sich vermeintlich leichter, wenn die Rolle erst mit der Aufgabe entsteht oder von anderen zugeteilt wird. Besonders im beruflichen Alltag nehmen wir das oft wahr: Ein Team wird zusammengestellt und je nach Kompetenzen werden Rollen zugeteilt. Die Gruppendynamik und der Verhaltenstypus der Mitglieder definieren noch einmal eigene Rollen: Wer hat das Sagen, wem hört man zu? Wer hält das Team zusammen, wer ist soziale Anlaufstelle für Beschwerden?

Auch in der Familie scheinen Rollen ganz von selbst im Laufe der Zeit zu entstehen: Wer führt, wer kritisiert, wer beschwichtigt? Wer ist der Familienclown, wer erteilt die guten Ratschläge? Oft wird uns die eigene Rolle erst bewusst, wenn wir reflektieren. Manchmal erkennen wir, dass uns eine Rolle zugeteilt wurde oder wir sie unfreiwillig spielen. Aus Sorge, vorhandene Muster oder die Harmonie zu stören, bleiben wir als soziale Wesen dann in dieser

Rolle. Manchmal spielen wir jahrelang eine Rolle, die unserem Naturell nicht entspricht oder uns unglücklich macht – weil wir keine Alternative sehen und es schon so gewohnt sind. Oft ist es auch Angst. Was, wenn ich meine Rolle kritisch hinterfrage und erkenne, dass sie gar nicht die Rolle ist, die ich in meinem Leben spielen möchte? Aus Bange vor dem Resultat dieses Prozesses lassen wir uns erst gar nicht darauf ein. Ich kenne Menschen, die ihr Leben lang in Jobs sind, die sie hassen. Menschen, die Jahrzehnte eine Ehe mit dem falschen Partner verbringen. Die Freundschaften aufrechterhalten, obwohl sie ausgenutzt werden. Die alles tun für den Verein und dann noch das Gemurre unzufriedener Mitglieder abbekommen. Als Außenstehende fragen wir uns: Warum tun die das? Dabei bewegen wir uns selbst auch in Rollen, die uns nicht gefallen – und vermeiden es genauso, etwas daran zu ändern. Nur haben wir selbst natürlich berechtigte Gründe, nicht wahr?

Lieber den Spatz in der Hand ...

Wer kennt diese Weisheit nicht? Ich habe sie schon tausend Mal gehört, als guten Ratschlag, als Erkenntnis oder einfach nachgeplappert. Wie man so redet eben. Lieber den Spatz in der Hand, als die Taube auf dem Dach. Die Frage, die sich mir stellt, ist, ob es sich hierbei tatsächlich um eine Weisheit handelt. Wer diese Einstellung hat, gibt sich zufrieden mit dem, was er hat. Grundsätzlich in Ordnung, ist doch Bescheidenheit eine Tugend und ein probater Weg, Respekt zu zeigen. Doch was, wenn wir den Spruch nur als Ausrede benutzen? Wenn wir im Herzen wissen, dass das, was wir tun, nicht optimal ist, wir aber nichts verändern? Dann werden wir frustriert, zynisch, sarkastisch. Wir verstellen uns den Weg zu echten Chancen, zu einem glücklichen Leben. Das ist nicht fair uns selbst gegenüber, aber auch unseren Angehörigen, unseren Kolleginnen und Kindern. Sie alle leiden, wenn die bittere Galle des Sarkasmus unsere Beziehungen durchdringt.

Leider ist das Verhalten, unangenehmen Entscheidungen aus dem Weg zu gehen beziehungsweise das vermeintlich geringere Übel zu wählen, sogar wissenschaftlich erforscht. Die mit dem Nobelpreis für Wirtschaftswissenschaften ausgezeichnete Prospect Theory von Daniel Kahneman und Amos Tversky zeigt, dass Menschen lieber den Zustand wählen, den sie sicher bekommen – also etwa einen fixen Job oder eine Ehe auf Wolke vier, als ein Risiko einzugehen, zu kündigen oder die Scheidung einzureichen – sogar, wenn die Möglichkeit auf einen viel besseren Job oder eine erfüllende neue Beziehung besteht. Aber das ist eben nicht sicher. Die Option, nach dieser Entscheidung arbeitslos oder single zu sein, hält die Menschen in dem suboptimalen Zustand. Die wenigsten sagen sich: »Na und? Dann habe ich wenigstens den Kopf frei für etwas Neues!« Im Gegenteil: Die meisten Menschen fürchten den Verlust mehr, als sie einen Gewinn begrüßen. Das heißt, wir entscheiden aus Angst davor, etwas noch Schlechteres zu bekommen, lieber gleich im schlechten Zustand zu bleiben.

Ich bin diesem Forschungsgebiet der Verhaltensökonomik zum ersten Mal in meinem Wirtschaftsstudium begegnet. Seither lässt es mich nicht mehr los. In der Arbeit mit meinen Kundinnen und Kunden ist das Erkennen der eigenen Rolle und des Verhaltens ein wesentlicher Faktor für die persönliche Entwicklung. Wer Angst hat, seine Rolle zu hinterfragen, wird die Füße ruhighalten und sich in der Unzufriedenheit einzementieren. So erging es Tabea, die nach ihrem Studium große Pläne hatte.

Bei allem Respekt: Gefangen in der eigenen Rolle

»Mama, pass doch auf! Du hast die Blütenblätter schon wieder falsch angeklebt!« Vorwurfsvoll blicken ihre Tochter und deren Kolleginnen des Bastelkreises auf Tabeas Missgeschick. Tabea ärgert sich – sie ist in letzter Zeit so unkonzentriert und kann ihre Langeweile an den Bastelnachmittagen kaum verbergen. Die Kinder fordern sie permanent, nur leider nicht so, wie sie sich das vorstellt. Tabea sehnt sich danach, Gesetzestexte zu durchforsten, Klienten zu

betreuen und vor Gericht mit ihren Argumenten zu punkten. Als studierte Juristin hat sie sofort in einer Anwaltskanzlei angeheuert und alles gegeben. Ihr fehlte nur noch eine Prüfung, dann hätte sie die volle Berufsbefugnis gehabt. Doch es kam anders: Tabea wurde schwanger. »Du machst das! Zieh die Prüfung durch, dann kannst du nach der Elternzeit voll durchstarten«, ermunterte sie ihr Chef, als sie ihn von ihren Umständen in Kenntnis setzte.

Ob das etwas bringt? Tabea sinnierte lange. »Ich möchte ohnehin zwei Kinder, also falle ich danach sicher länger aus. Außerdem möchte ich für meine Kinder da sein. Ich werde Mutter – und ich nehme diese Rolle mit allen Konsequenzen an!«, fällte sie schließlich ihre Entscheidung. Von einem Tag auf den anderen verließ sie damals ihren geliebten Beruf, um in ihre neue Familienrolle zu steigen. In eine Rolle, die für sie alternativlos war. Aus Angst, als Mutter nicht alle und vor allem die eigenen Erwartungen zu erfüllen, wenn sie zugleich als Anwältin tätig ist.

Heute sitzt Tabea in der Bastelgruppe. Sie hat die Rolle der Gruppenleiterin ehrenamtlich übernommen, um sich zu engagieren – als gute Mutter. Sie hat zwei wundervolle Kinder und einen beruflich erfolgreichen Ehemann. Doch glücklich ist sie nicht. Im Gegenteil – sie bemerkt, dass sie immer unzufriedener und bitterer wird. Tabea hat eine Rolle eingenommen, unhinterfragt und Werten entsprechend, die nicht ihre sind. Denn wenn sie ehrlich ist, wäre für sie beides möglich gewesen. Jetzt ist es zu spät, sie würde es doch nicht schaffen, wieder Fuß zu fassen. Vieles hat sich geändert, es gibt neue Gesetze, alles ist digitalisiert und die alten Kollegen haben sie längst überholt. Also lässt sie es bleiben. Sie wird nie Anwältin werden, das weiß sie.

Bevor Sie mich nun schelten, dass ich Klischees bediene oder fordere, jede Mutter müsse auch beruflich Karriere machen: Darum geht es in diesem Fallbeispiel nicht. Im Gegenteil, ich bin glühende Verfechterin von Individualität und persönlichen Werten, hinter denen jeder Mensch mutig stehen sollte. Wer die Familie der Karriere vorzieht – wundervoll. Wer auf Familie verzichtet, um sich dem Beruf, der Gemeinde oder anderen Menschen zu widmen –

vollkommen in Ordnung. Wer versucht, das Beste aus beiden Welten zu holen, weil er auf nichts verzichten will – auch wunderbar. Problematisch wird es erst, wenn der gewählte Weg nicht der eigene ist und die Rolle die eigenen Wünsche und Bedürfnisse in keiner Weise oder einfach unzureichend bedient.

Natürlich werden wir immer wieder Aufgaben oder Rollen einnehmen müssen, die uns nicht zu hundert Prozent glücklich machen. Das ist klar, denn das Leben ist kein Wunschkonzert. Die Frage ist nur, wie können wir die Hauptrollen so wählen, dass sie uns glücklich machen? Der amerikanische Schriftsteller Josh Billings soll gesagt haben: »Das Leben besteht nicht daraus, gute Karten zu haben, sondern mit denen, die du hast, gut zu spielen.« Werden wir uns also bewusst, welche Karten wir haben. Jeder von uns hat Talente, Interessen und Werte, für die er oder sie steht. Und jeder darf selbst entscheiden, welche er davon einsetzt. Das ist das große Privileg unseres Kulturkreises. Nutzen wir es – aus Respekt vor uns selbst.

Wofür stehen Sie?

Stellen Sie sich folgende Situation vor: Sie haben ein gutes Gespräch mit Freunden erwartet, doch eigentlich wird die ganze Zeit nur Belangloses geredet. Gerüchte werden breitgetreten, lahme Themen zum hundertsten Mal durchgekaut und jeder scheint nur mit sich selbst beschäftigt zu sein. Dann endlich – ein Hoffnungsschimmer: »Wie geht es dir im Job?«, fragt ein Freund. »Geht schon«, gibt der andere zurück, »Arbeit eben.« Die Hoffnung ist dahin. Ich höre wenig Substanz heraus, dafür aber viel Gleichgültigkeit. In diesem Augenblick wundere ich mich, warum fast nie gefragt wird, wofür jemand steht, was ihn oder sie begeistert. »Was gefällt dir am besten an deinem Job?« Gute Frage, oder? Wird nur leider nie gestellt. »Wenn du ganz frei wählen könntest, ohne finanziellen oder gesellschaftlichen Druck, was würdest du beruflich machen?« Im Coaching bezeichnet man das als Wunderfrage, um neue Perspektiven zu finden. Probieren Sie es doch beim nächsten Treffen mit Ihren Liebsten aus – Sie können sicher sein, dass Gespräche mit Tiefgang entstehen.

Nun will ich hier mit Ihnen kein Gesprächscoaching vollziehen. Doch dieser Austausch mit anderen Menschen, offene Fragen und ehrliches Interesse helfen uns, die eigene Position und Rolle bewusst wahrzunehmen. Oft werden Wege und Optionen sichtbar, die vorher im Verborgenen lagen. Gleichzeitig ist es verbindlicher, diese Gedanken mit anderen zu teilen. Sie bringen ihre Ideen dazu ein und fragen ziemlich sicher beim nächsten Treffen nach, was daraus geworden ist. Das bringt uns ins Tun. Ich habe gemeinsam mit meinen Kundinnen und Kunden im Coaching schon Wege und verborgene Türen entdeckt, die ganz neue Kapitel im großen Drehbuch ihres beruflichen Lebens aufschlugen. Die richtigen Fragen, die Verbindlichkeit der vereinbarten Treffen und die Aussicht auf echte Veränderung sind eine magische Verbindung, wenn es um den persönlichen Erfolg geht.

Wollen Sie den Versuch wagen, auch wenn das Ergebnis ungewiss ist und die Möglichkeit besteht, dass Sie unbequeme Entscheidungen fällen müssen? Wenn Sie noch zögern, fangen Sie mit einem kleinen Schritt an. Die wenigsten Menschen stehen für Revolution, sondern ziehen die Evolution vor. Das bedeutet, zwar stetig, aber in kleinen Etappen vorzugehen. Ein erster Schritt ist, sich in Ruhe die größten Bereiche Ihres Lebens vorzunehmen, in die Sie Ihre Zeit, Kompetenz, Energie oder Liebe investieren. Ein Blatt Papier kann hilfreich sein. Bei mir sind das zum Beispiel meine Arbeit, meine Familie und mein Freundeskreis. Bei Ihnen kommen vielleicht noch Verein oder Gemeinde oder andere Tätigkeitsfelder dazu. Überlegen Sie, welche Rolle Sie in jedem dieser Bereiche einnehmen. Was erwarten die anderen von Ihnen? Jetzt kommt die Stunde der Wahrheit: Wenn Sie noch einmal wählen könnten, würden Sie diese Rolle wieder einnehmen oder sie anders gestalten? Sie sehen bereits, worauf ich hinauswill: Sie haben es in der Hand, Ihre Rolle zu gestalten. Dabei brauchen Sie nicht gleich vorgehen wie Pippi Langstrumpf – bekanntlich macht sie sich die Welt, wie sie ihr gefällt. Die Welt hat immer Erwartungen an uns, doch viele dieser Erwartungen kommen gar nicht von der Welt, sondern von uns selbst. Diese Tatsache bleibt uns so lange verborgen, wie wir Teil des Spiels sind. Als Figur auf dem Schachbrett haben wir eine begrenzte Perspektive. Als Spieler sehen wir schon deutlich mehr. Haben Sie den Mut, einmal von oben auf das Spiel zu schauen. Es gibt mehr Wege als wir zu Beginn sehen.

Drei, zwei, eins – los!

In einem meiner ersten Jobs hatte ich einen Vorgesetzten, der von sehr reizbarer Natur war. Sein impulsives Wesen trieb ihn häufig zu Schimpftiraden und Wutausbrüchen. Eines Tages sandte ihm eine innovative Marketingagentur ein Angebot zu – auf einer CD-ROM als Datenträger. Um diese abzuspielen, gab es damals eigene Laufwerke am Computer. Leider hatte der PC meines Chefs ein solches Laufwerk nicht, also versuchte er kurzerhand, die glänzende Scheibe in ein Diskettenlaufwerk zu schieben. Der Misserfolg war bereits abzusehen, doch von alledem bekamen meine Kolleginnen und ich erst etwas mit, als ein Techniker aus der IT-Abteilung mit hochrotem Kopf aus dem Büro unseres Chefs trat. Hinter ihm erschien der Chef selbst im Türrahmen und fluchte dem IT-Mann noch hinterher, dass man heutzutage kein fähiges Personal mehr bekomme. »Und überhaupt: Welche Idioten senden bitte ein Angebot auf Schallplatte?«, fluchte er zornig. Meine Kolleginnen und ich warfen uns Blicke zu – da war es um mich geschehen. Ich musste lachen. Wobei einfach nur lachen stark untertrieben ist. Vielmehr bekam ich einen Lachanfall, der sich nicht so schnell stoppen ließ. Meine Kolleginnen habe ich damals leider angesteckt, sie konnten ebenfalls die Contenance nicht mehr wahren. Die »Schallplatte« hatte uns jeglichen Respekt vergessen lassen. Falls man von Respekt sprechen kann. Denn in Wahrheit machten wir uns permanent über ihn lustig und schützten den Respekt nur vor, um uns vor seinen Launen zu bewahren.

Noch während dieser Szene verschwand er kommentarlos in seinem Büro. Wir wussten, dass das nichts Gutes verhieß. Am nächsten Morgen war es so weit: Als Drahtzieherin der Revolte musste ich zum Rapport antreten. Der Chef stapfte in unser Büro, in dem wir zu dritt als Sachbearbeiterinnen saßen. Er baute sich vor mir auf, sah mich mit stechendem Blick an und kommandierte: »In mein Büro!« Ich erhob mich und folgte ihm wie fremdgesteuert. »Machen Sie die Türe zu!«, befahl er. »Warum?« fragte ich – schließlich war die Trenntüre zwischen seinem und unserem Büro immer offen. »Außer Sie möchten, dass Ihre Kolleginnen hören, was ich Ihnen jetzt zu sagen habe«, setzte er ungerührt fort. In diesem Moment wusste ich, dass es ein Trick war, um mich in meiner Position zu schwächen. Ich war Anfang zwanzig, er Anfang sechzig. Ich war Sachbearbeiterin, er Geschäftsführer unseres kleinen Bereiches. Der Respekt war schon Kraft der Hierarchie und des Alters gegeben, warum hatte er diese Statusspiele so nötig? Ich weiß es bis heute nicht. Was mir aber in lebendiger Erinnerung geblieben ist: Ich hatte es satt. Also sagte ich Ja: »Ja, ich will, dass meine Kolleginnen das hören.«

Diese Antwort schien ihn so perplex zu machen, dass er nur mehr herumdruckste. Gestern, das sei nicht in Ordnung gewesen, von wegen Respekt und so. Wir hätten über ihn gelacht, das gehe einfach nicht, er erwarte sich künftig wieder mehr Anstand. Dann entließ er mich. Ich war selbst überrascht. Mehr steckte also nicht dahinter? Was mich am meisten überraschte, war die Tatsache, dass er mich ab diesem Moment zu respektieren schien. Ich hatte meinen Status von der fleißigen Arbeitsbiene (das war seine wörtliche Kompetenzbeschreibung für meine Kolleginnen und mich) zur Hornisse verändert – und das war mir sehr recht so.

Mir ging dieses Ereignis noch lange durch den Kopf. Vor allem, weil es unser Dienstverhältnis gravierend verändert hat. Die Machtspielchen reduzierten sich deutlich, wir kommunizierten als Team. Auch meine Kolleginnen zollten ihm nun ehrlichen Respekt und wir lachten sogar manchmal gemeinsam, ohne Angst zu haben, dem guten Mann wieder auf den Schlips zu treten. Bevor Sie nun denken, das klingt typisch nach Happy End: Das hitzige Blut und die gelegentlichen Wutausbrüche waren damit natürlich nicht kuriert – sie blieben das Markenzeichen dieses einzigartigen Menschen, der so viel geschafft hatte und der es dennoch immer wieder beweisen musste.

Was ich aus dieser Erfahrung für mein weiteres Berufsleben mitnahm, hat mir viele Male geholfen, wenn sich die Wippe zwischen Sympathie und Respekt in eine ungewünschte Richtung bewegte: Es braucht Klarheit, wohin es gehen soll und nur einen Moment Mut. Ganz kurz nur. Drei, zwei, eins – sprich es aus! Dann gibt es kein Zurück mehr und die Dinge fügen sich scheinbar von allein. In diesem Moment des Mutes fokussiert sich unsere ganze Energie auf unser Ziel. Wenn die Entscheidung getroffen ist, haben wir plötzlich Superkräfte: die richtigen Argumente, eine selbstbewusste Körpersprache, eine klare Stimme. Obwohl ich aus meinem Verhaltenstypus heraus nicht die Person bin, die ganz spontan in jeder Situation einen flotten Spruch auf den Lippen hat, wurde mir immer stärker bewusst: Das Verhalten in unausgewogenen Respektsituationen kann man trainieren. Wie im Sport, beim Rechnen oder beim Erlernen einer Sprache wächst die Kompetenz mit der Übung. Wenn Sie ins Auto steigen, überlegen Sie auch nicht, wo das Gaspedal ist, oder? Sie haben das Fahren über so viele Jahre praktiziert, dass es eine Gewohnheit geworden ist. Dasselbe passiert, wenn wir trainieren, unsere Meinung zu sagen.

Mein Sohn hatte im Kindergarten ein lustiges Spiel: Einmal pro Woche war Gegenteil-Tag. Dabei sollten die Kinder Nein statt Ja sagen, etwas tun, statt zu zögern, aussprechen, statt still zu sein – einfach das Gegenteil dessen, was sie normalerweise tun würden. Die Kinder waren begeistert von dieser Idee und mein Sohn brachte sie natürlich mit nach Hause. Also probierten wir es aus. Es machte einen Heidenspaß, ließ uns aber auch viel diskutieren. Die Idee der Pädagoginnen im Kindergarten war es, den Kindern neue Wege zu zeigen, mehr Mut und Selbstvertrauen zu entwickeln. Für mich ist der Gegenteil-Tag unvergesslich – ich setze diese Technik bei mir selbst und in der Arbeit mit Erwachsenen ein, wenn es darum geht, einmal nicht gleich zu allem Ja und Amen zu sagen. Es ist Trainingssache, unser Gehirn findet normal, was wir immer wieder sehen, hören oder tun. Dreißig Mal bewusst ein Verhalten einsetzen, damit es in eine Gewohnheit übergeht – das ist meine persönliche Trainingsdauer.

Bevor es Ihnen nun zu sportlich wird, sehen wir uns gemeinsam im nächsten Kapitel an, wo der Kern tiefen Respektes und authentischer Lebensführung liegt.

KLARTEXT

- **Wir haben verschiedene Bereiche im Leben, in die wir unsere Energie investieren – in Form von Zeit, Geld, Liebe, Arbeit oder Fürsorge.**
- **Dabei nehmen wir eine bestimmte Rolle ein. Diese Rolle ist nicht immer selbst gewählt, sondern wird von anderen geschaffen, die uns scheinbar in eine Rolle drängen – oder von Werten, die wir unhinterfragt übernommen haben.**
- **Wir selbst haben in der Hand, welche Rollen wir annehmen oder wie wir diese gestalten. Vorausgesetzt, wir wagen es, der unbequemen Wahrheit ins Auge zu blicken und die Angst vor der Ungewissheit zu überwinden.**

Mehr Respekt – ab sofort

Um zu erkennen, welche Rollen Sie in verschiedenen Bereichen einnehmen, bedarf es zu Beginn wieder einer Reflexion. Gehen Sie in Gedanken die Bereiche durch, in denen Sie sich häufig bewegen und in die Sie Energie investieren. Nehmen Sie überall eine ähnliche Rolle ein, zum Beispiel die des Ausgleichenden, der Hingebungsvollen oder des Lustigen? Gefallen Sie sich in dieser Rolle oder haben Sie das Gefühl, Sie spielen sie anderen zuliebe?
Machen Sie es sich zur Gewohnheit, das Wort zu ergreifen. Warten Sie nicht, dass Sie jemand nach Ihrer Meinung fragt oder sich das Respektverhältnis von selbst wieder ausgleicht, wenn Sie nur beleidigt genug schauen. Es wird nicht passieren. Sie selbst sind die Person, die den Status ausgleichen und die Rolle so spielen kann, dass sie mit den eigenen Werten vereinbar ist. Auch hier ist es nicht einfach, eine neue Gewohnheit zu etablieren, nur weil wir das jetzt beschließen. Die Methode Drei, zwei, eins – los! ist für viele eine Starthilfe, wenn es darum geht, das Wort zu erheben oder einmal anders als üblich zu reagieren. Versuchen Sie es, Sie können nichts verlieren – außer, dass man anfangs über Ihre Reaktion erstaunt ist.
Machen Sie sich vor jedem Termin oder Gespräch klar, welche Rolle Sie haben. Agieren Sie aus dem Selbstverständnis, das dieser Rolle innewohnt, ohne ständig zu hinterfragen, was sich die anderen wohl denken werden.

Teil III –
Wir brauchen mehr Klarheit

12.
Klare Werte definieren und authentisch leben

»

Viel mehr als unsere Fähigkeiten sind es unsere Entscheidungen, Harry, die zeigen, wer wir wirklich sind.

Albus Dumbledore, Zaubermeister und Schulleiter
(aus »Harry Potter und die Kammer des Schreckens«
von Joanne K. Rowling)

«

Es gibt Persönlichkeiten, die einfach anziehend wirken. Sie werden beachtet, man hört auf ihre Kommentare und fragt sie gerne nach ihrer Meinung. Sie sind attraktiv, dabei entsprechen sie nicht zwingend einem Schönheitsideal. Doch aus irgendeinem Grund haben sie Ausstrahlung. Diese Menschen möchte man gerne im Freundeskreis haben, man fühlt sich wohl in ihrer Gegenwart. Sie werden respektiert, ohne dass sie sich aktive Geltung verschaffen müssen. Provokationen und Angriffe werden ihnen selten zuteil, und wenn, reagieren sie überlegt und lassen dem Gegner die Würde.

Was macht diesen Menschentyp so besonders? Auf ein bestimmtes Merkmal kann die Antwort sicher nicht reduziert werden. Es ist eine Kombination an Verhaltensweisen, die sich zu einem stimmigen, authentischen Bild zusammenfügen. In Magazinen und Ratgebern wurde und wird das Thema unzählige Male aufgegriffen. Es läuft unter Charisma, Authentizität oder Ausstrahlung. Ein Dauerbrenner – verständlicherweise, denn wir beurteilen Menschen immer zuerst auf der Beziehungsebene. Wir sehen und bewerten das Menschliche: Wie sicher und selbstbewusst tritt die Person auf? Fühlt sie sich wohl? Muss ich womöglich Angst vor ihr haben? Wie geht sie mit anderen Menschen um? Gefällt sie mir? Diese Fragen beantwortet unser Gehirn unbewusst für uns, noch bevor wir den rationalen Bereich einschalten. Erst dann kommen die inhaltlichen Aspekte in Form von Wissen, Erfahrung oder Kompetenz. Passen diese Aspekte zu dem Bild, das wir uns bereits vom Auftreten der Person gemacht haben, entsteht eine Stimmigkeit, die lange wirkt. So wird Respekt auf- oder auch abgebaut. Sie selbst entscheiden auf Basis Ihrer Werte, ob eine Person Ihren Respekt verdient oder nicht. Egal, ob Sie aus hierarchischen Gründen gezwungen sind, Respekt zu zeigen oder es die Höflichkeit gebietet.

Nun können Sie überlegen, welche Verhaltensweisen Sie anpassen oder ändern müssen, um selbst Respekt zu erhalten. Sie können Ratgeber durchackern, Lebensanleitungen auf YouTube verfolgen oder stets die neuesten

Trends aufnehmen. Das Resultat wird ähnlich nachhaltig wie eine neue Diät sein: Der Jojo-Effekt katapultiert Sie früher oder später in Ihre alten Gewohnheiten zurück. Es muss also etwas Tieferes geben, einen Kern, den man nicht sieht, der aber zu einer wunderbaren Frucht rundherum führt. Manche Menschen scheinen von Natur aus einen Kern zu haben, aus dem sich die besten Früchte ziehen lassen. Andere wiederum bringen hässliche Früchte hervor – oder tragen dem Spruch »Außen hui, innen pfui« Rechnung. Man kratzt nur ein wenig an ihrer Fassade und schon kommt Unschönes zutage.

Der neue Raum

Vor einiger Zeit beschlossen mein Mann und ich, dass wieder einmal Veränderung in unseren vier Wänden angesagt ist. Wir haben vor Jahren ein Haus gekauft und mit viel Hingabe Raum für Raum so gestaltet, dass wir uns darin wohlfühlen. Im Laufe der Zeit veränderte sich unser Geschmack. Durch unsere Reisen und vielseitigen Interessen beschäftigen wir uns auch immer wieder mit unterschiedlichen Einrichtungsstilen. Das, was wir vor zehn Jahren kreiert hatten, gefiel uns nicht mehr zu hundert Prozent. Somit war klar, frischer Wind muss herein. Doch wie? In einem Einrichtungshaus einfach etwas kaufen, das uns gefällt? Im Internet recherchieren und online ein paar Möbel, Vorhänge und Lampen kaufen? Da fiel uns ein: Wir haben doch wunderbare Freunde, die sich hervorragend aufs Einrichten verstehen und deren Stilsicherheit uns zutiefst beeindruckt. Also luden wir das Paar kurzerhand zu uns ein und baten die beiden, uns einen Vorschlag zu machen.

So standen wir zu viert mit einem Glas Wein in unserem Wohn-/Essbereich. Ich war gespannt und beobachtete erwartungsvoll, wie die beiden Profis sich umsahen. Bestimmt würden sie gleich mit der perfekten Wohnlösung inklusive Kaufempfehlungen herausrücken. Wer so ein Talent für Wohnraumgestaltung hat, müsste doch bereits beim Betreten eines Raumes ein klares Bild im Kopf haben, davon war ich überzeugt. Bis zu diesem Abend. Denn statt uns das allein selig machende Konzept zu servieren, stellten sie bloß eine einzige

Frage: »An welchen Stil habt ihr denn gedacht?« Mein Mann und ich sahen uns ratlos an. »Gemütlich eben, aber mit Geschmack – vielleicht so ähnlich, wie es bei euch aussieht«, war unsere wenig qualifizierte Antwort. So konnten uns unsere Freunde nicht weiterhelfen. Was sie uns sagten, war ernüchternd, aber einleuchtend: »Das wird leider nicht reichen. Ihr werdet Dinge kaufen, mit denen ihr nicht glücklich seid und Farben wählen, die nicht stimmig sind«, erklärten sie uns – und schickten uns zurück an den Start. Wir mussten unsere Hausaufgaben machen und erst einmal überlegen, wofür wir stehen, welcher Stil zu uns und zum Haus passt. Dann sollten wir den Raum einrichten und am Schluss erst mit Accessoires vervollständigen. Wie unbequem! Viel lieber hätte ich einfach ein paar Vorhänge, Polster, Lampen und etwas Dekokram besorgt, das geht doch viel schneller und einfacher. Die Einrichtungshäuser sind voll davon, jeden Tag schleppen die Menschen tonnenweise von diesem Zeug heraus. Ich habe mich schon oft gefragt, was die alle damit machen. Unsere Freunde sind nicht an einem Möbelhaus umsatzbeteiligt; somit ließen sie sich nicht erweichen: kein Stil, keine Einrichtungstipps. Zum Glück, denn so mussten wir unsere Hausaufgaben machen – ein zeitliches Investment, das sich bis heute lohnt. Wir haben dadurch Klarheit gefunden und einen Stil, der zu uns passt. Das Ergebnis: Kaum noch Fehlkäufe, keine Unzufriedenheit im Sinne von »Na ja, das habe ich mir anders vorgestellt – aber jetzt, wo wir es schon einmal haben ...« Einmal diesen Prozess durchlaufen, fühlten wir uns plötzlich angekommen. Seither sind Veränderungen und Einkäufe für unseren Wohnraum keine Schwierigkeit mehr. Wer seinen Stil gefunden hat, greift automatisch zum Richtigen. Das gilt fürs Einrichten genauso wie für Mode oder die Art, wie wir unseren Urlaub verbringen.

Wie sieht es mit dem Stil unserer Kommunikation aus? Die Antwort auf diese Frage reicht noch etwas tiefer als Mode oder Einrichtung. Denn Kommunikation ist die Art und Weise, wie wir uns den Mitmenschen präsentieren, welche Beziehungen wir aufbauen und wie wir diese pflegen. Wir kommunizieren in jeder Sekunde unseres Lebens, selbst wenn wir allein sind. Wir zeigen im Umgang mit uns selbst und anderen, was unsere Werte sind, wofür wir stehen. Werte geben uns Identität, Sicherheit, Klarheit. Wie bei einem Baum, der fest verwurzelt ist, bleiben die Werte bestehen – selbst, wenn man an der Krone einen Schnitt vornimmt. Letztes Jahr haben wir im Garten eine Weide gesetzt. Sofort wurzelte sie kräftig ein und entwickelte eine üppige Krone. Überrascht von dem Wuchs des Bäumchens nahm ich einen ersten Schnitt vor. Einen Monat später noch einmal, und dann noch einmal. Die Krone wächst und wächst, wird immer dichter – faszinierend! Ob es an dem Standplatz oder den Bodenbedingungen liegt, weiß ich nicht. Fakt ist, dass ich selten ein derartiges Wachstum beobachtet habe.

Bei Menschen, die in ihrer Persönlichkeit immer weiterwachsen, lässt sich Ähnliches beobachten: Sie wirken stabil, haben klare Werte und sind berechenbar. Man weiß, woran man bei ihnen ist. Genau diese Stabilität verleiht ihnen das gewisse Etwas, verleiht ihnen natürlichen Respekt und Anziehungskraft – vorausgesetzt, wir empfinden diese Werte als positiv. Diese Wahrnehmung hängt von der Gesellschaft ab. Durch Werte orientieren wir uns als Gesellschaft und lernen, als Individuen die Welt zu verstehen. Kurz gesagt: Durch Überzeugungen und Ideale teilen wir ein, was gut oder schlecht, was richtig oder falsch ist. Werte helfen uns, unvermeidliche Fragen zu klären, zum Beispiel was wir in einer bestimmten Situation für uns selbst und für andere wollen, wie wir uns verhalten oder was wir tun sollen.

Nachdem Werte von der Sicht der jeweiligen Gesellschaft und Kultur abhängen, gibt es gemeinsame Erklärungen wie die Allgemeine Erklärung der Menschenrechte der Vereinten Nationen. Sie wurde 1948 verkündet und ist für alle Unterzeichnenden verpflichtend. Sie beginnt nach der Präambel mit dem berühmten Satz: »Alle Menschen sind frei und gleich an Würde und Rechten geboren.« Diese Erklärung und weitere Abkommen sind der Versuch, gemeinsame Werte festzulegen, um ein Zusammenleben in Freiheit und Frieden zu ermöglichen. Dazu gibt es regionale Chartas wie die Europäische Menschenrechtskonvention und religiös beeinflusste Abwandlungen wie jene der Organisation der Islamischen Konferenz oder der Arabischen Liga. Religiöse Werte sind oft so tief verankert, dass sie alle anderen Werte übertrumpfen. So steht zum Beispiel in der Kairoer Erklärung der Menschenrechte die islamische Scharia über allen festgehaltenen Rechten.

Zu einem hohen Grad gibt uns also die Gesellschaft vor, was gut und schlecht ist. Ich selbst darf mich glücklich schätzen, in einer Region zu leben, die den Schutz der Menschenrechte gesetzlich verankert hat. Auch dann, wenn politische Parteien und Organisationen immer wieder versuchen, diese zu umgehen oder auszuhebeln – etwa, wenn es um Diskriminierung oder die Aufnahme von Asylsuchenden geht. Einen Teil meiner Werte gibt mir mein Kulturkreis somit vor. Ein weiterer Teil kommt aus meinem direkten Umfeld, meiner Familie, meinen Lehrkräften und den Menschen, mit denen ich mich umgebe. Wir werden von frühester Kindheit geprägt, der Samen unserer Werte wird gesät. Gedeiht er weiter, schlägt er Wurzeln und macht uns zu dem Menschen, der wir sind. Der Psychiater Eric Berne spricht von Skripten, einer programmierten Lebenseinstellung, die in den ersten Lebensjahren entstehen. Sie enthalten Wertemuster gegenüber anderen sowie den Selbstwert; sie bestimmen unsere Haltung und Kommunikation – und sie zeigen sich in dem Stil, wie wir leben. Wer bereit ist, an diesem Stil zu arbeiten und ihn weiterzuentwickeln, greift wie beim Einrichten eines Raumes automatisch zum Richtigen, wirkt authentisch und vermeidet »Fehlkäufe« wie eine falsche Job- oder Partnerwahl.

Der persönliche Wertekodex

Nur in seltenen Fällen hinterfragen wir unsere eigenen Werte. Meist wird dieser Prozess erst durch wiederkehrende Probleme oder Krisen ausgelöst. Ansonsten sind diese Werte einfach vorhanden – als unsichtbare Treiber bestimmen sie alles, was wir sagen und was wir tun. Unser Instinkt hingegen eruiert sofort, ob ein Mensch, auf den wir treffen, Freund oder Feind ist.

Das ist lebensnotwendig und deshalb haben wir äußerst sensible Antennen, wenn es um Authentizität geht. Diese Antennen nehmen wahr, ob Sein und Tun eines Menschen übereinstimmen. Orten sie nur die kleinste Abweichung, wird auf Alarmbereitschaft umgestellt. Obwohl wir es nicht erklären können, erscheint uns der Mensch weniger vertrauenswürdig oder wir verlieren den Respekt. Diese Erfahrung musste Michaela machen, die in Sachen Gesprächsführung eigentlich erprobt ist.

Bei allem Respekt: Der arrogante Bewerber

Als Personalleiterin einer Bank ist Michaela auch mit der Rekrutierung neuer Teammitglieder betraut. Auf die Stellenausschreibung für die Beratung von Unternehmenskunden haben sich einige Interessenten gemeldet. Ein Bewerber fällt Michaela schon beim ersten Gespräch auf – er präsentiert ungefragt ein Konzept, das er bereits genau auf seine zukünftige Stelle zugeschnitten hat. Michaela ist beeindruckt und gleichzeitig alarmiert vom überzeugenden, selbstbewussten Auftritt des Mittdreißigers. »Sie klingen sehr siegessicher«, provoziert sie ihn gezielt nach seiner Präsentation. Der Bewerber zieht die Augenbrauen hoch und erklärt in überheblichem Ton: »Sind ja immer dieselben, gewöhnlichen Standardfragen in diesen Bewerbungsgesprächen, deshalb habe ich gleich etwas mit mehr Niveau vorbereitet.« Michaela muss einen Moment innehalten, weil sie ihren Ohren nicht traut. Was für eine Frechheit ihrem Berufsstand gegenüber! Dabei waren Auftreten und Umgangsformen des Bewerbers einwandfrei, sympathisch und sicher. Und nun äußert er sich derart großkotzig, dass ihr die Luft wegbleibt. Ihr positiver erster Eindruck ist genauso verschwunden wie ihr Respekt vor diesem aufgeblasenen Möchtegern-Profi.

Michaela bewahrt jedoch ihre professionelle Höflichkeit und führt das Gespräch in kürzester Zeit zu Ende. Als der Bewerber draußen ist, atmet sie tief durch. Gut, dass ihre Erfahrung und ihr Bauchgefühl sofort reagiert haben. Einen Menschen wie diesen möchte sie nicht als Mitarbeiter haben.

Als Michaela diese Geschichte mit mir teilte, fügte sie hinzu: »Weißt du, es gibt Menschen, vor denen kann ich keinen Respekt haben. Sie sind wie eine heiß-kalte Dusche, da weißt du nie, wie du dran bist.« Für mich traf das den Nagel auf den Kopf. Es ist die fehlende Kongruenz aus Sein und Tun, die uns misstrauisch macht. Und Misstrauen führt zu Verlust von Respekt. Der Bewerber war einerseits höflich und tadellos im Umgang, andererseits geringschätzig in der Art, über andere zu sprechen. Das nahm ihm die Authentizität. Ich will hier keine Ferndiagnose treffen, aber er scheint ein Menschenbild zu haben, das ihn selbst über andere erhebt. Ich bin okay, du bist nicht okay wird dieser Zugang in der Psychologie genannt. Er führt zu Überheblichkeit, Arroganz und Schwierigkeiten mit sozialen Normen. Menschen mit diesem Zugang erwarten von anderen zwar Respekt, sind jedoch von sich aus nicht bereit, Respekt zu geben.

Es lohnt sich also, den eigenen Zugang zum Leben und die eigenen Werte nicht nur zu hinterfragen, sondern die Antworten dazu auch klar auszusprechen:

Was ist mir wichtig?
Worauf bin ich stolz?
Was kann ich auf den Tod nicht ausstehen?

Das sind nur drei der wesentlichen Fragen, um Klarheit zu finden. Die Antworten können dabei offen und vielfältig sein. Legen Sie sich nicht auf den beruflichen Bereich fest, sondern beziehen Sie auch andere Lebensbereiche ein. Es geht um Sie als Menschen mit Ihren ganz persönlichen Werten. Ihre Werte legen Sie nicht ab, sobald Sie das Firmengebäude betreten. Wenn Sie mutig sind und den nächsten Schritt machen wollen, hinterfragen Sie jede Ihrer Antworten mit: Warum?

Authentisch sein: Eine unbequeme Aufgabe

Was für eine Erkenntnis, dachte ich, als ich mit Anfang dreißig zum ersten Mal in meinem Leben etwas wirklich infrage stellte. Es war ein tiefpersönliches Thema – es ging um meinen Glauben, die Zugehörigkeit zu einer Glaubensgemeinschaft und die ehrenamtliche Mitarbeit, die viel Zeit und Herzblut forderte. Mein ganzes Leben war bis dahin von der Vorstellung geprägt, dass eine übergeordnete Macht mein Tun beobachtete und mich eines Tages richten würde. Kurz gesagt: Ich glaubte, was mehr als vier Milliarden Menschen, die offiziell Anhänger der monotheistischen Weltreligionen sind, glauben. Die meisten bleiben von der tiefgründigen Frage, warum sie glauben oder ob sie wirklich glauben, befreit. Ihr Religionsbekenntnis steht auf dem Papier, sie feiern die traditionellen Rituale und Feste zwar mit, aber mit wenig Konsequenzen und Verbindlichkeit im Leben. Mein Ansatz war aber auch hier holistisch – ich mache Dinge ganz oder gar nicht.

Dann beschäftigte ich mich in meinem Studium mit dem Verhalten von Gruppen, mit Entscheidungen und organisationalen Modellen der Führung. Ob ich wollte oder nicht: Ich begann immer mehr zu vergleichen, wie Religionen und Glaubensgemeinschaften agieren und fragte mich, was Menschen dazu bringt, deren Dogmen und Werte zu teilen. Dabei erlebte ich hautnah, dass die Zusammenarbeit auch in Kirchenstrukturen ausgesprochen menschlich ist. Es bedarf selbstverständlich einer Organisation und pragmatischen Hierarchie, damit die Abläufe funktionieren. Doch was den Umgang mit Menschen und die Auslegung der religiösen Botschaften betraf, setzten sich die Stärksten durch und dominierten die Meinung der Mitglieder.

Schritt für Schritt bekam mein bisher unangetastetes Wertekonstrukt Risse. Ich zwang mich dennoch, hinzusehen und genau zu hinterfragen, was ich eigentlich glaubte und erkannte, dass ich mich zu hundert Prozent unter die Führung von Menschen stellte. Nun hatte ich mein Leben lang nach etwas agiert, das ich nie hinterfragt hatte. Weil nicht sein kann, was nicht sein darf.

Ein Teil von mir hatte immer geahnt, dass das Hinterfragen sehr unangenehme Konsequenzen haben könnte. Und diesen Konsequenzen sah ich jetzt direkt ins Auge. Die Entscheidung war mir zu wichtig, um sie allein treffen zu wollen. Also führte ich viele Gespräche mit Menschen aus unterschiedlichen Hintergründen wie Philosophie, Theologie und Psychologie. Schließlich traf ich meine Entscheidung. Sie war unbequem und stieß innerhalb der Gemeinschaft erwartungsgemäß auf wenig Verständnis. Doch einmal ausgesprochen, waren die Dinge in Gang gesetzt – zum Glück. Denn ich wusste schon länger, dass das, was ich sagte und das, was ich glaubte, nicht mehr zusammenpassen. Es war die Verbindung von Sein und Tun, die hier längst gekappt war. Das wurde erst durch beherztes Hinterfragen und die Bereitschaft für unangenehme Antworten sichtbar.

Ich empfand große Erleichterung und ein anderes Gefühl, das ich bis dahin noch nicht kannte. Es ist das Gefühl, etwas erreicht zu haben, von dem man bisher gar nicht wusste, dass es diese Möglichkeit gibt. Klingt verrückt? Ist es nicht. In der Wissenschaft wird dieses Gefühl »Achievement motivation« genannt. Der US-amerikanische Verhaltenspsychologe David McClelland prägte diesen Begriff in den 1960er-Jahren und entwickelte die Theorie, dass jeder Mensch durch einen dieser drei Faktoren motiviert ist: Achievement, Affiliation, Power – also dem Bedürfnis etwas zu erreichen, Zugehörigkeit oder Macht. Menschen, die sich hohe Ziele setzen, Vorhandenes hinterfragen und keine Scheu haben, auch schwierige Probleme anzugehen, zählen zum Achievement-motivierten Typus. Sie arbeiten gerne allein oder mit anderen zielorientierten, hoch motivierten Menschen. Affiliation-motivierte Personen hingegen brauchen die Gemeinschaft, leben im Team richtig auf und suchen Sicherheit. Risiko und unbequeme Entscheidungen versuchen sie zu vermeiden. Nicht so der Power-motivierte Typus. Er möchte Ziele nicht nur erreichen, sondern überzeugen und gewinnen. Herausforderungen sind ihm dabei willkommen – schließlich erhöht jeder Sieg sein Prestige.

Wo finden Sie sich am ehesten wieder? Wie bei allen Persönlichkeits- und Verhaltensmodellen gibt es immer Überschneidungen und Vermischungen – auch hier besteht eine Person nicht nur aus einem Drittel der möglichen Motivatoren. Doch die meisten Menschen, mit denen ich arbeite, können eine klare Tendenz zu einer der Antriebsfedern erkennen. Das ist wichtig, wenn es darum geht, Werte zu definieren und authentisch zu bleiben. Das Ziel sollte sein, sich selbst gut, zufrieden und glücklich zu fühlen. Immer wiederkehrende Situationen, Anlässe oder Kontakte, in denen das nicht so ist, gilt es zu hinterfragen und – wenn möglich – hinter sich zu lassen. »So leicht ist das nicht!«, höre ich schon die Kritik. Stimmt. Aber es ist oft leichter, als wir denken. Die größte Hürde ist meiner Erfahrung nach immer der erste Schritt, den wir oft lange hinausschieben, um uns dem Unangenehmen nicht stellen zu müssen. Der erste Schritt ist eine Entscheidung, Sie allein haben die Macht, sie zu treffen.

KLARTEXT

- **Manche Menschen haben eine besondere Ausstrahlung, wirken anziehend und werden gehört. Was oft als Charisma bezeichnet wird, resultiert aus einem authentischen Lebensstil.**
- **Wer klare Werte hat und dahintersteht, trifft automatisch Entscheidungen, die die eigenen Ziele unterstützen. Wer die Stufe der Reflexion überspringt und aus einer Laune oder Stimmung heraus agiert, neigt eher zu Fehlentscheidungen – beruflich, menschlich und wirtschaftlich.**
- **Wenn sich Sein und Tun, Worte und Verhalten decken, dann entsteht Persönlichkeit, Authentizität und natürlicher Respekt.**

Mehr Respekt – ab sofort

Nehmen Sie sich die Zeit, Ihre eigenen Werte zu definieren und einen Stil zu entwickeln, der zu Ihnen passt. Das gibt Klarheit. Bestimmen Sie im ersten Schritt für sich, was Ihnen wichtig ist und worauf Sie verzichten können. Die Checkliste aus diesem Kapitel kann Sie dabei unterstützen – halten Sie die Antworten schriftlich in Ihren ganz persönlichen Worten fest, es gibt kein Richtig oder Falsch.

Was ist mir wichtig?
Worauf bin ich stolz?
Was kann ich auf den Tod nicht ausstehen?

Nach dieser Übung wird Ihnen einiges klarer erscheinen. Möglicherweise treten unbequeme Fakten zu Tage, die Entscheidungen und Veränderungen erfordern. Wir neigen tendenziell dazu, diese Themen nicht anzugehen, um Konfrontationen oder Risiko zu vermeiden. Dabei wissen wir oft schon lange im Herzen, dass der persönliche Gewinn überwiegt.
Gehen Sie noch heute eine unbequeme Sache oder bisher unangetastete Sache an, die Sie schon länger hinausschieben. Treffen Sie eine Entscheidung – der richtige Zeitpunkt ist jetzt!

13.
Natürlich Ansehen gewinnen: Die Gesetze des Respektes

»

Sei du selbst die Veränderung, die du dir wünschst für diese Welt.

Mahatma Gandhi (1869–1948), Rechtsanwalt und Pazifist

«

»Erst nehme ich es mir vor und in der Situation knicke ich dann ein. Ich habe einfach zu viel Respekt!«, ärgerte sich ein Seminarteilnehmer. Wir trainierten harte Verhandlungssituationen und er hatte sein gesetztes Ziel bei Weitem nicht erreicht. Es schien, als hätte er seinem Gegenüber noch etwas draufgezahlt – aus Dankbarkeit und Erleichterung, dass man sich handelseins geworden war. Hinterher ärgerte er sich grün und blau und gestand, dass ihm das auch im echten Leben regelmäßig passiere. »Gerade, wenn ich jemanden sympathisch finde, neige ich dazu, schnell Zugeständnisse zu machen«, analysierte er. Die anderen Seminarteilnehmer blickten erstaunt in seine Richtung. »Was soll das denn?«, empörte sich ein Kollege, »Ich gebe höchstens dann nach, wenn der andere mehr Verhandlungsmacht hat!«

Wem würden Sie beipflichten? Es ist tatsächlich ein Dilemma: Den meisten Menschen fällt es schwer, ihre Ziele durchzusetzen oder sachlich Härte zu zeigen, wenn die menschliche Ebene von Sympathie geprägt ist. In der Psychologie spricht man bei Sympathie sogar von einem der Grundprinzipien des Überzeugens. Wir kaufen eher von Personen, die uns sympathisch sind. Der Psychologe Robert Cialdini beschreibt diesen Effekt als so stark, dass wir sogar ungewollt zusagen oder etwas kaufen, nur, weil die Person uns sympathisch ist. Es tritt ein seltsamer Effekt ein: Wir wollen der Person etwas Gutes tun, respektieren sie und ihre Bedürfnisse. Geschicktes Verkaufspersonal weiß diesen Effekt gewinnbringend einzusetzen. Die Gefahr ist, dass wir den Respekt verlieren, sobald der Verdacht der Manipulation aufkommt. Die andere Seite der Medaille ist die Unausgewogenheit der Macht. Spüren wir, dass eine Person überlegen ist, versetzt sie uns unmittelbar in eine respektvolle Haltung. Unser Instinkt sagt uns erst einmal, dass das die vernünftigste Strategie ist, um zu überleben. Kurz darauf schaltet sich das Bewusstsein ein und lässt uns diese Reaktion hinterfragen. Je nach Verhaltenstypus schaffen wir es mehr oder weniger, uns selbst Respekt zurückzuholen und die eigenen Ziele zu verfolgen. Sie sehen also: Eine Medaille, zwei Seiten. Beide davon treffen zu – je nach Situation und Verhaltenstypus.

Wir alle gehen mit einer Grundausstattung an Werten, Glaubenssätzen und Menschenbildern durchs Leben. Diese Grundausstattung führt einer Grundhaltung, die sich im Selbst- und Fremdbild zeigt. Es ist die Art und Weise, wie wir kommunizieren, mit und ohne Worte. »Was sagen Sie, nachdem Sie ›Guten Tag‹ gesagt haben?«, fragte Psychiater Eric Berne provokant in den 1970er-Jahren. Denn hier legen wir den Grundstein für unsere Beziehungen. Es ist der Spatenstich in den Boden unserer Kommunikation. Erwarten wir Augenhöhe und Respekt von unserem Gegenüber, so müssen wir damit anfangen.

Kennt Respekt keine Grenzen?

Als ich als Teenager zum ersten Mal die Lebensgeschichte von Mahatma Gandhi als Verfilmung sah, hatte ich gemischte Gefühle. Dabei ist der Film mit Ben Kingsley in der Hauptrolle als Gandhi hervorragend – nicht umsonst gewann er acht Oscars. Also wurde er Pflichtprogramm an den Schulen und wie bei zehntausenden anderen Schülern wurde der Film in der »Ich weiß nicht mehr, was ich vor den Ferien mit den Schülern machen soll«-Zeit im Klassenraum vorgeführt. Ohne Erklärung, ohne Einführung. Ich wusste zwar ungefähr, wer Gandhi war und welches Verdienst man ihm zuschrieb, doch damit war dann schon das Ende der Fahnenstange erreicht. Ich verstand nicht, wie man sich dermaßen in den Dienst des Friedens stellen konnte, obwohl die Ungerechtigkeit stets zu siegen schien. Allen Widersachern zum Trotz handelte der Mann nach seinen Werten und Prinzipien, die er niemals verriet. Nicht einmal, als man seine Anhänger drangsalierte oder sogar tötete und ihn selbst ins Gefängnis steckte. Irgendwann musste dem Typen doch einmal der Kragen platzen! Aber nein, er ging lieber in den Hungerstreik als den üblen Machthabern einmal gehörig eins überzubraten. Bei einer so großen Gefolgschaft wäre das doch ein Leichtes gewesen. Ich verstand ja, dass er den Frieden gewählt hatte – aber zu welchem Preis? Erst ein Jahr vor seiner Ermordung durfte er erleben, wie Indien unabhängig wurde und die Menschen sich aus der Knechtschaft der britischen Kolonialherrschaft befreien konnten.

Mir ging es wie den meisten meiner Schulkameraden: Wir waren uns einig, dass die bösen Herrscher ihrer gerechten Strafe zugeführt werden müssten. Doch Gandhi predigte Gewaltlosigkeit. Er predigte sie nicht nur; er war der Inbegriff des friedlichen Widerstandes. Erst viele Jahre später wurde mir bewusst, dass dieser Mann, der praktisch in den Gottstatus erhoben wurde, kein Märtyrer war. Er setzte klare Grenzen, suchte die Wahrheit ohne Kompromisse und war überzeugt, dass jede Bewegung bei sich selbst anfängt. Oft verschwimmen die Grenzen des Respekts zwischen Idealismus und Selbstlosigkeit. Doch in diesem Fall war es die Klarheit, die Mahatma Gandhi zu einer der größten Persönlichkeiten der Geschichte machte. Er hatte klare Werte, die er lebte und gewann damit Ansehen bei Freund und Feind.

Sehen wir uns in diesem Kapitel gemeinsam an, was natürliches Ansehen ausmacht und wie jede, jeder von uns es für sich aufbauen kann. Als letztes Kapitel dieses Buches möchte ich Ihnen dazu einige Denkanstöße mitgeben, Verhaltensweisen angesehener Persönlichkeiten, die in ihrem Leben etwas bewirkt haben. Vieles davon scheint unerreichbar, doch es folgt im Grunde ganz einfachen Prinzipien. Jene, die mir in meiner Arbeit an exzellenter Kommunikation für Unternehmen und Persönlichkeiten am häufigsten begegnen, möchte ich mit Ihnen teilen. Ich habe sie aus folgenden Gründen auf drei Prinzipien reduziert: Einfachheit, Umsetzbarkeit und meine Liebe zur Zahl Drei. Doch vorher möchte ich Ihnen noch einen Fall aus meiner Praxis vorstellen, in dem eine Person zur Persönlichkeit wurde – allen Widerständen zum Trotz.

Bei allem Respekt: Die Bloßstellung

Seit dem Zusammenschluss seiner Firma mit dem härtesten Konkurrenten weiß Geschäftsführer Markus, dass Beatrice, die neue Co-Geschäftsführerin aus dem Konkurrenzunternehmen, gezielt Gerüchte streut und versucht, ihn zu diffamieren. Heute ist Sommerfest und Beatrice schlug schon vor einigen Tagen vor, eine Rede zu halten. Ihr vorgebliches Ziel: eine positive Zusammenarbeit zu zeigen. »Ich weiß, dass nicht immer alles glatt gelaufen ist«, reicht sie Markus die ima-

ginäre Friedenspfeife. Außerdem sei es sein Geburtstag und sie wolle eine kleine Festrede verfassen. Markus nahm an – in der Hoffnung auf eine Besserung der Situation.
Zu Beginn des Festes zeigt sich Beatrice in bester Laune. Mit einem Sektglas in der Hand schreitet sie zur Bühne. Sie klopft auf ihr Glas, es wird still an den Tischen. Beatrice hat ein Gedicht verfasst, das Markus' Firmen- und Privatleben ausbreitet und kein Fettnäpfchen auslässt. Zur Krönung bringt sie ein Detail, das sie in ihrer Recherche herausgefunden hat: Markus' sexuelle Orientierung. Er ist verheiratet und hat zwei Söhne im Grundschulalter. Seine Frau liebt er von Herzen, doch fühlt er sich auch zu Männern hingezogen; manchmal besucht er deshalb besondere Lokale. Für seine Frau ist das kein Problem, doch das Paar hat entschieden, das Thema diskret zu behandeln, um die Söhne keinesfalls Hänseleien in der Schule oder im Freundeskreis auszusetzen.
Das war der Plan. Bis Beatrice etwas herausfand, woher auch immer. An jenem Tag, auf dem Sommerfest, spricht sie es aus. Zwar mit Witz, aber so unmissverständlich, dass jeder Gast im Bilde ist. Für Markus bricht eine Welt zusammen. Wie durch Watte hört er Beatrice' Worte und ihr schmutziges Lachen. Er denkt nur an eines: Ich muss meine Söhne schützen! Panisch versucht er, einen klaren Gedanken zu fassen. Er weiß: Wenn er jetzt nicht reagiert, wird die Information ungebremst die Runde machen und er hat keine Kontrolle mehr. Markus zählt rückwärts: drei, zwei, eins. Er steht auf und geht nach vorne. Er stellt sich Schulter an Schulter neben Beatrice, ganz nah. Überraschte Stille tritt ein. Ohne Aufforderung überreicht Beatrice ihm das Mikrofon. Markus sagt nur einen Satz, vollkommen ruhig und klar: »Wenn das die Art ist, wie wir mit- und übereinander reden, will ich nicht mehr Teil dieses Unternehmens sein.« Im Park kann man nun jeden Grashalm knicken hören, so still ist es geworden. Alle Blicke sind auf Beatrice gerichtet. Nun ist es an ihr, zu reagieren.

»Das klingt wie aus einem Film!«, war meine erste Reaktion auf diese Geschichte. Doch die unglaublichsten Drehbücher schreibt das Leben. Beatrice blieb nichts anderes übrig, als sich vor versammeltem Publikum zu entschuldigen. Sie erhielt keinen Applaus für ihre Rede. Markus hingegen wurde höchster Respekt gezollt, weil er besonnen, aber mit scharfen Worten reagiert hat. Die Geschichte ist einige Jahre her – Beatrice verließ ein halbes Jahr nach diesem Vorfall das Unternehmen. Markus blieb als angesehener Alleingeschäftsführer. Seine beiden Söhne hatten nach dem desaströsen Sommerfest natürlich von seinem Geheimnis erfahren. Vorsorglich bekamen sie professionelle Unterstützung, wie sie mit eventuellen Hänseleien umgehen können. Erstaunlicherweise passierte nichts Nennenswertes. Kein Skandal, der danach ausbrach, kein Mobbing. Es ist, wie es ist. Diese Tatsache wird häufig unterschätzt. Während wir panische Angst haben, den Menschen um uns Unerträgliches zuzumuten, dreht sich die Welt weiter. Unseren Feinden geht es mit ihrer Tat oft viel übler. Falls sie ein Gewissen besitzen, übernimmt es die lebenslange Strafe, indem es sie immer wieder an ihre Tat erinnert.

Naturgesetze des Respektes

Glücklicherweise bedarf es meist nicht derart harter Prüfungen wie in Markus' Fall, um Klarheit in die eigene Kommunikation zu bringen und dadurch höchstes Ansehen zu gewinnen. Sein und Tun müssen zusammenpassen, so viel wissen wir bereits. Doch es sind grundlegende Prinzipien, die das Handeln positiv angesehener Persönlichkeiten ausmachen.

Prinzip 1: Aufbauen statt zerstören

Menschen, die natürlichen Respekt genießen, legen ihren Fokus auf konstruktive Aufgaben. Sie widmen ihre Energie der Bildung und Entwicklung von Fähigkeiten, die sie weiterbringen. Ihre Arbeit möchten sie nicht zur zufriedenstellend verrichten, sondern etwas bewirken. Menschen mit Respekt arbeiten konstruktiv, nicht destruktiv. Während andere jammern, sich benachteiligt fühlen und stets Schuldige für ihr eigenes Dilemma suchen, haben Respektträger einen grundsätzlichen Optimismus. Ihr Wortschatz ist positiv, statt »Immer muss ich!« sagen sie: »Heute darf ich!« Sie sind resilient und sehen das Positive im Menschen. Aussagen wie »Das ist wieder typisch!« werden sie von Respektträgern selten hören, genauso wenig wie Pauschalverurteilungen à la »Die im Elfenbeinturm haben leicht reden!«.

Ich werde oft gefragt, warum manche Menschen bereits nach einigen Sätzen Small Talk einen Fluchtreflex bei ihrem Gegenüber auslösen. Es ist genau diese pessimistische Rhetorik. Dazu kommen ein harter oder leidender Gesichtsausdruck und eine lauernde oder bedrückte Körperhaltung. Beobachten Sie einmal, welche Menschen Sie als angenehme, interessante Gesprächspartner empfinden. Die Kategorie der Pessimisten zählt meistens nicht dazu. Vielleicht ertragen Sie einen pessimistischen Gesprächspartner für eine gewisse Zeit, weil es die Höflichkeit gebietet. Dann aber schleicht sich ein Pochen in Ihre Schläfen ein, Sie spüren, wie Ihre Halsschlagader anschwillt und Sie Ihrem Gegenüber am liebsten mit aller Deutlichkeit mitteilen würden: »Halt einfach die Klappe!« Stattdessen nicken Sie pflichtbewusst, schließlich wollen Sie sich nicht auch noch eine Abreibung von dieser Person einhandeln. Ein Kollege erzählte mir einmal, er sage in so einem Fall einfach: »Für dieses Gespräch stehe ich nicht zur Verfügung.« Ich musste schmunzeln. Mutig!

Natürlich ist diese Reaktion nicht für jede Situation passend. In den meisten Fällen erfordern unsere Umgangsformen, höflich zu dulden – allerdings kann die Zeit drastisch eingeschränkt werden, indem man kurz Empathie zeigt und sich dann freundlich vom Acker macht. Meine Empfehlung: Achten Sie darauf, mit wem Sie sich regelmäßig umgeben und suchen Sie bewusst Menschen, die mit ihren Worten aufbauen statt ständig kritisieren oder zerstören. Zerstörer verwenden Wörter wie »immer«, »nie«, »aber«. Sie klagen damit an und vergiften Beziehungen. Sollten Sie diesen Zug nun bei sich selbst entdeckt haben – keine Sorge, es bleibt unter uns. Wie wäre es mit einer wundersamen Wandlung? Hier ein paar Vorschläge, wie Sie Ihre Kommunikation sofort auf ein respektvolles, konstruktives Niveau heben. Ersetzen Sie einfach in jedem Beispiel die erste Formulierung durch die zweite:

Immer muss ich das machen! ➲ Heute darf ich das machen!
Nie hilfst du mir! ➲ Hilfst du mir bitte?
Das ist ja eine nette Idee, aber ... ➲ Interessante Idee, wie lautet dein Vorschlag, sie in die Tat umzusetzen?

Hören Sie den Unterschied? Menschen, die Ansehen genießen, verwenden eine Rhetorik des Aufbaus und Optimismus. Sie suchen nicht zwanghaft nach dem Haar in der Suppe, sondern halten ihre Kommunikation offen. Am zweiten Beispiel sehen Sie auch deutlich heraus, welchen Unterschied Klarheit macht. Gerade wenn es um Vorwürfe geht, sagen wir oft etwas anderes, als wir meinen. »Nie hilfst du mir!« soll ja eigentlich ein Hilferuf sein – leider ist er aber aus einer Opferrolle heraus formuliert, die den anderen zum Täter macht. Die neue Formulierung sagt klar, was benötigt wird: »Hilfst du mir bitte?« Empfänger tun sich leichter, wenn sie wissen, woran sie sind. Sie tun sich leichter, wenn sie klare Anweisungen oder Bitten erhalten, anstatt raten zu müssen, was der Absender gemeint haben könnte. Alles andere ist ein Spiel um Status und Macht.

Wer natürliches Ansehen genießen möchte, springt über den Schatten des Kinder-Ichs und verzichtet auf bockige Spielereien. Aufbauen statt zerstören bedeutet, dass wir auch in unseren Beziehungen konstruktiv sind. »Wir sagen nur mehr, was uns aneinander stört!«, klagte vor einiger Zeit ein Teenager aus meinem Bekanntenkreis; die junge Beziehung litt offensichtlich und ich fand diese Analyse sehr reif. Ich riet ihm, beim nächsten Gespräch bewusst etwas einzubauen, was ihm an seiner Freundin gefällt. Das Ganze hat nichts mit jungen oder alten Menschen zu tun, sondern ist eine Entscheidung. Worauf legen wir unseren Fokus? Wer das Positive sieht und anspricht, macht anderen Mut. Er hebt sie hoch und stärkt sie. Eine Führungskraft, die einem Teammitglied Feedback gibt, hat zwei Wege, das zu tun:

Weg 1: »Du bist ein super Teamkollege, aber deine Umsätze sind noch deutlich unter dem Ziel.«

Weg 2: »Du bist ein super Teamkollege und deine Herausforderung sind jetzt ganz klar deine Umsätze.«

Welchen Weg würden Sie wählen? Bei Weg 2 wurde das »Aber« gegen ein »Und« ausgetauscht, die Wirkung ist magisch. Im Improvisationstheater gibt es eine Übung, um das Team auf positive, konstruktive Zusammenarbeit zu trainieren. Dabei stellt ein Mitglied eine beliebige These auf und das nächste Mitglied, das an der Reihe ist, setzt stets fort mit: »Ja, und...« Anschließend reiht es einen beliebigen eigenen Gedanken daran. Das Ziel dieser Übung ist, den Vorredner immer gut dastehen zu lassen. »Das Ensemble wird niemals im Stich gelassen«, lautet eine Prämisse im Theater. Lassen wir auch im Unternehmen unser Ensemble nicht im Stich, sondern geben wir Raum für Möglichkeiten. Kritik darf genauso Platz haben wie Ergänzungen oder Inspirationen – es kommt oft nur auf kleine Veränderungen in der Wortwahl an.

Bauen Sie andere auf, dann sind Ihnen Ansehen und Respekt sicher. Kurt Cobain, der viel zu früh verstorbene Sänger und Gitarrist der US-Band Nirvana, soll gesagt haben: »Ich vermute mal, dass irgendwie jeder, der den Ehrgeiz hat, etwas zu erschaffen und nicht kaputt zu machen, Respekt verdient.«

Prinzip 2: Ermöglichen statt einschränken

Wer alles kleinredet, wird selbst nie zu wahrer Größe kommen. Es gibt zwei Spezies von Menschen, die einschränken: eine, die sich selbst viel und anderen wenig gönnt und eine, die weder sich noch anderen etwas gönnt. In beiden Fällen ist die Rhetorik von schmälernden, bagatellisierenden Begriffen geprägt. Was bedeutet das? Einschränkende Menschen versuchen, anderen den Zugang zu etwas zu verwehren, zum Beispiel zu Emotionen. »Hab dich nicht so!«, sagen sie gerne, oder »Andere Mütter haben auch schöne Söhne!«

oder »Freu dich nicht zu früh!« Das kann hart treffen, denn eine Emotion ist das Sichtbarwerden von Gefühlen. Wer in Emotion ist, braucht Empathie – und nicht Verharmlosung. Das bedeutet nicht, dass wir die Emotion teilen oder in Mitleid versinken müssen; damit hilft man in den seltensten Fällen. Zeigen wir im Fall von Emotionen jedoch unser Mitgefühl, so gewinnen wir das Vertrauen und den Respekt unseres Gegenübers. Franz, Versicherungsvertreter seit mehr als dreißig Jahren, hat dazu ein Erlebnis mit mir geteilt, das ihm als Frischling in der Branche widerfahren ist.

Bei allem Respekt: Der ehrgeizige Versicherungsvertreter

Franz ist stolz auf seinen Beruf. Er hat es in den 1980er-Jahren geschafft, den begehrten Job als Versicherungsvertreter zu bekommen und absolviert jeden seiner Hausbesuche mit Freude - und mit Anzug, versteht sich. Eines Tages sitzt er bei einer älteren Dame. Ziel ist es, mit ihr eine neue private Krankenversicherung abzuschließen. Er weiß, die Dame hat den Wunsch und die Mittel, auch ein höherklassiges Produkt zu kaufen. Also hat er das Gespräch - heute würde man es wohl Pitch nennen - akribisch vorbereitet. Kaum hat er am Esstisch der Dame Platz genommen, legt er auch schon los. Er zählt alle, wirklich alle Vorzüge seines Produktes auf, unterlegt sie mit Beispielen und redet sich so richtig warm. Heute ist er wirklich in Form!

Plötzlich merkt er, dass die Dame nicht ganz anwesend zu sein scheint. Immer wieder starrt sie aus dem Fenster oder blickt zu Boden. Während Franz spricht, verfällt die Dame zusehends. Franz denkt insgeheim, sie sei etwas senil und deshalb unaufmerksam. Also legt er noch einmal nach und steigert seinen Redefluss. Als er endlich fertig ist, kullert der Dame eine einzige Träne über die Wange. Gut, denkt Franz, der Termin ist ja gleich rum - also noch schnell den Abschluss, dann lasse ich sie in Ruhe, was immer sie hat. Doch dazu kommt es nicht mehr. Die Dame bittet ihn, zu gehen. An der Türe fragt er schließlich, ob er noch helfen könne. »Wissen Sie, meine Katze ist gestern gestorben«, sagt die Dame mit brüchiger Stimme, »und ich kann an nichts anderes denken.«

Hätte Franz einen Funken Empathie gezeigt, hätte er das Vertrauen und eine neue Kundin gewonnen. Doch er hat das Gefühl nicht zugelassen, blieb strikt bei seinem Protokoll. Die Dame hat ihn nie wieder angerufen.

Sie müssen sich vorstellen, die Geschichte ist mehr als dreißig Jahre her, und Franz erinnert sich an sie, als sei es gestern gewesen. Das Gefühl, den Respekt der Dame verloren zu haben, weil er Scheuklappen aufhatte, nur seinen eigenen Inhalt präsentieren wollte, ließ ihn nie los. Ich habe ihn einmal gefragt, was er heute als alter Hase seinen jüngeren Kolleginnen und Kollegen raten würde. Die Antwort kam prompt und ohne nachzudenken: »Beobachte, höre, stelle Fragen. Dann erst gibst du Antworten.« Wie oft schränken wir Dialoge ein oder lassen sie gar nicht zu, weil wir die Emotionen des anderen übersehen oder glauben, die Antwort bereits zu wissen?

Einschränkende Menschen schaffen es aber nicht nur, Emotionen zu bagatellisieren. Sie verstellen anderen auch Chancen, indem sie Zweifel säen. Dabei arbeiten sie am liebsten mit dem Wörtchen nicht, idealerweise verpackt in Suggestivfragen. Ich spreche hier gar nicht von Zwangseinschränkungen wie »Das geht nicht!«, sondern von subtilen Restriktionen, die dem Gegenüber in Form negativer Fragestellungen aufgetragen werden. Denken Sie nicht auch, dass Sie zu jenen Spezies gehören, die oft einschränken, statt zu ermöglichen? (Ja, das war bewusst eine Suggestivfrage). Dann lesen Sie aufmerksam folgende Beispiele, wie Sie künftig suggestive, negative Sätze durch positive ersetzen:

Glaubst du nicht auch, dass das etwas übertrieben ist? ➲ Lass uns deinen Vorschlag überprüfen.
Warum hast du nicht angerufen? ➲ Schön, dass du dich meldest!
Das hätte ich an deiner Stelle nicht gemacht! ➲ Wollen wir gemeinsam reflektieren?

Natürlich benötigt dieser rhetorische Ansatz etwas Training. Am einfachsten ist es, vor dem Sprechen einmal tief durchzuatmen. In dieser Zeit verwerfen Sie Ihren ersten Impuls. Nehmen Sie Ihr Gegenüber bewusst wahr – diese Person hat Gründe, weshalb sie ein bestimmtes Verhalten gewählt hat. Respektieren Sie diese, und Respekt ist Ihnen gewiss. Ermöglichen Sie einen Dialog, statt mit Warum-Fragen oder Ratschlägen den anderen in die Defensive zu zwingen.

Prinzip 3: Grenzen setzen statt sich selbst opfern

»Mach dich gleich einmal unbeliebt«, soll Konrad Adenauer, der erste Kanzler der Bundesrepublik Deutschland, gesagt haben, »dann nimmt man dich ernst.«

Menschen, die sich für andere aufopfern, haben genau damit ein massives Problem: Sie wollen es allen recht machen, nicht anecken und sich für ihren unermüdlichen Einsatz Respekt verdienen. Dabei verwenden sie ein Wort viel zu häufig: Ja. Sie ärgern sich hinterher über ihre Gutmütigkeit und fühlen sich ausgenutzt. Das Resultat: Sie werden sarkastisch und ungehalten. Im Job schaffen sie es meist noch mit Zynismus, doch zu Hause entlädt sich der Druck mit voller Wucht. Wer nicht schnell genug flüchtet, bekommt es ganz dicke – egal, ob es der Partner, das Kind oder der Hund ist. Kombiniert mit einer gehörigen Portion Perfektionismus, erreichen diese Menschen oft genau das Gegenteil: Man respektiert sie zwar als fleißige Mitarbeiter, Kolleginnen oder Freunde – gleichzeitig werden ihre Wünsche und Bedürfnisse in keiner Weise respektiert. »Wie kann ich Grenzen setzen?« ist eine der häufigsten Fragen, die ich in meiner Arbeit gestellt bekomme. Gut, dass die Rhetorik dafür ein probates Mittel bereithält. Denn in diesem Bereich der zwischenmenschlichen Kommunikation, auch Dialektik genannt, geht es darum, die eigene Position zu festigen und zu überzeugen. Rede, Gegenrede und Synthese bilden die klassische Triade – ein Dreieck, das darauf gründet, nicht gleich Ja und Amen zu sagen. Vielmehr wird dem Gesagten ein Kontrapunkt gegenübergestellt und dann im gemeinsamen Interesse eine Lösung vorgeschlagen. Diese Technik führt zu mehr Status und Gewicht der Argumente.

»Du hast leicht reden!«, kommt es meist zurück, wenn ich dieses magische Dreieck ins Treffen führe. Deshalb trainiere ich es in meiner Arbeit mit einer simplen Technik, mit der sofort Grenzen gesetzt werden – ohne, dass die Freundlichkeit verloren geht: Statt Ja, aber heißt es ab sofort Nein, aber. Diese kleine Umstellung der Wortwahl hat einen großen Effekt: Sie wirken sofort souveräner. Versuchen Sie es! Hier einige Beispiele, wie Sie Ihre alte Kommunikation durch eine neue ersetzen können:

Ja, aber ich weiß nicht, wie ich das noch schaffen soll. ➲ Nein, aber ich gebe dir gerne einen Kontakt, der dir helfen kann.
Ja sicher, ist sowieso schon egal! ➲ Nein, mein Kalender ist für diese Woche schon voll, aber ich schaue, ob nächste Woche etwas möglich ist.
Ja klar, ich versuche es. ➲ Nein, aber ich sehe mir das gerne an und gebe Ihnen anschließend eine Rückmeldung.

Auch hier hilft atmen, um den Ja-Impuls zu überwinden. Denken Sie an den Gegenteil-Tag, von dem ich Ihnen weiter vorne im Buch schon erzählt habe. Ein Nein macht nicht unfreundlich oder unbeliebt – im Gegenteil! Es macht sogar exklusiver und begehrter. Ihr Gegenüber fühlt sich wertgeschätzt, wenn Sie trotz Ihres vollen Terminkalenders nach einer Möglichkeit suchen; auch, wenn es nicht mehr diese Woche ist. Ich weiß, wovon ich spreche. Die ersten Jahre meiner Berufstätigkeit war ich getrieben von der Vorstellung, dass ich alles so schnell und perfekt wie möglich ausführen muss. Dass ich etwas Besonderes sei, wenn ich flink und fleißig bin. Ich nahm mir oft nicht einmal Zeit für eine Pause. Doch statt den Berg an Arbeit abzubauen, machte ich ihn durch mein permanentes Ja-Sagen immer noch größer. Gleichzeitig ärgerte ich mich über diejenigen, die mich um etwas baten. Wie viele Sachen sollte ich denn noch gleichzeitig machen?

Wenn es Ihnen gerade auch so geht: Trainieren Sie vorerst nichts anderes, als Nein zu sagen. Und zwar so lange, bis Sie wieder Luft bekommen, um sich einen Überblick über Ihre Aufgaben zu verschaffen. Vorher wird sich nichts ändern.

KLARTEXT

- **Der Gedanke ist weitverbreitet, dass natürliches Ansehen manchen Menschen einfach in die Wiege gelegt wurde, so wie ein Talent. Doch es ist genug Ansehen für alle da. Jede, jeder von uns kann es für sich gewinnen.**
- **Halten wir uns dabei an die Prinzipien aufbauen statt zerstören, ermöglichen statt einschränken und Grenzen setzen statt sich selbst opfern, so setzen wir erste Schritte zu wahrem Ansehen.**
- **Allen gemeinsam ist, dass wir natürlichen, positiven Respekt erhalten, wenn wir diesen auch selbst zu geben bereit sind – ohne unseren Selbstwert aus den Augen zu verlieren.**

Mehr Respekt – ab sofort

Reflektieren Sie für sich, mit einem Freund oder Ihrer Partnerin, wo Ihre kommunikativen Fallstricke liegen. Fragen Sie gezielt nach, in welchen Situationen Sie einschränkend oder sogar destruktiv wirken – eine harte Probe, die jedoch Ihre Kommunikation auf ein neues Level hebt. Menschen, die Ihnen nahestehen, nehmen in der Regel viel mehr wahr, als sie Ihnen sagen. Sie halten sich zurück, aus Höflichkeit, aus Respekt oder weil sie Konfrontationen vermeiden möchten. Erst, wenn Sie sie gezielt bitten, Ihnen Feedback zu geben, dürfen Sie auf ehrliche Antworten hoffen. Deshalb ist es wichtig, mehrere Personen aus unterschiedlichen Kontexten zu fragen. Die Wahrheit hat viele Seiten.

Arbeiten Sie bewusst an Ihrer Rhetorik. Sagen Sie Nein, wenn Sie Nein meinen. Sie sind für sich selbst verantwortlich, andere werden nicht immer erraten, was Sie hinter zynischen oder aufopferungsvollen Worten wirklich meinen. Für die meisten Menschen ist das die schwierigste Aufgabe – selbst Verantwortung zu übernehmen. Wir haben die unglaublich wertvolle Freiheit, über uns selbst zu bestimmen, nutzen wir sie! Klare Worte und deutlich definierte Grenzen sind der solide Unterbau positiven Respektes.

Epilog: Die Rhetorik des Respektes

»Oh ja, bitte schreib zu diesem Thema!« war der Tenor vieler Menschen, denen ich von meinen Plänen zu diesem Buch berichtete. »Aber nicht nur, wie man Respekt gewinnt, sondern auch, wie man ihn verliert«, empfahl mir eine erfahrene Verlegerin. Das war ein interessanter Gedanke. In meinem Arbeitsfeld unterstütze ich Menschen dabei, die volle Kraft ihrer kommunikativen Fähigkeiten auszuschöpfen. Wir arbeiten gemeinsam heraus, was die Persönlichkeit einzigartig macht, was ihr Markenzeichen ist. Darauf setzen wir einen rhetorischen Stil, der passt wie ein Maßanzug. Wir entwickeln einen Kommunikations- und Führungsstil, der sitzt wie ein Kleid aus edlem Stoff in bester Passform. Dazu versuchen wir verschiedene Varianten, betreten sozusagen mehrmals die Anprobe und testen den Stil im Alltag. Meine Kundinnen und Kunden finden in der Regel sehr schnell heraus, welcher Stil zu ihnen passt und womit sie die beste Resonanz erzielen. Diese Auswahl und das Erarbeiten eines authentischen Auftretens ist hochindividuell und ein längerfristiger Prozess. Das funktioniert weder mit einem Schnelltest aus einem Magazin à la »Welcher Führungstyp sind Sie?« noch mit einer Anfrage der Art »Ich zahle Ihnen eine Stunde, Sie sagen mir, was ich tun soll!«. Natürlich können Sie sich kurzfristig Empfehlungen und Inspiration abholen, gerne auch in einem meiner Vorträge. Die Umsetzung liegt an Ihnen – und mit Begleitung wird das Ganze sehr viel persönlicher und verbindlicher. Durch den laufenden Austausch wächst die Authentizität, es entwickelt sich ein Zusammenwachsen von Sein und Tun.

Was langfristig im Aufbau geschieht, kann jedoch sehr kurzfristig wieder zerstört werden. Wir kennen das aus Beziehungen, wenn ein falsches Wort genügt, um etwas kaputtzumachen, das mit viel Mühe aufgebaut wurde. Wie verliert man Respekt? Nun, es passiert stets auf einer der beiden Ebenen: menschlich oder fachlich. Menschlich droht der Verlust des natürlichen Ansehens dann, wenn Statusunterschiede ausgenutzt werden. Wenn ein Mensch, der mehr Macht hat, einen anderen geringschätzig behandelt oder bloßstellt. Dabei denke ich gar nicht an typische Autoritätsverhältnisse wie

Lehrer-Schüler oder Vorgesetzte-Angestellte. Es genügt schon, wenn ich am Schalter bei der Flughafeneinreise eine Stunde gewartet habe, mir die Person am Schalter in die Augen sieht, aufsteht und in die Pause geht. In diesem Moment hat sie mehr Macht – schließlich bin ich die Wartende und sie kann über meine Zeit bestimmen.

Wenn eine Person mit hohem Status andere gering behandelt, hat sie meinen Respekt verloren. Bei einem Restaurantbesuch vor einiger Zeit war ich Gast. Mein Gastgeber ignorierte während unseres Aufenthaltes das freundliche Personal, was mir äußerst unangenehm war. Unwillkürlich versuchte ich, mit besonderer Höflichkeit sein despektierliches Verhalten auszugleichen. Am Schluss gab er auch kein Trinkgeld – ich hatte es bereits befürchtet. »Ich helfe gerne aus, danke für den perfekten Service«, hätte ich die Peinlichkeit überdecken und einen Geldschein auf den Tisch legen können. Während ich noch überlegte, war der Kellner bereits verschwunden – verständlicherweise. Mich macht diese Art mangelnder Anerkennung immer wieder betroffen. Was muss in einem Menschen vorgehen, dass er nur sich selbst und seinesgleichen als ebenbürtig ansieht? Dass diejenigen, die andere Berufe haben, zum Beispiel in der Dienstleistung, weniger wert sind oder keinen Dank verdient haben? »Ach Iris«, sagte kürzlich seufzend die Pädagogin eines Privatkindergartens zu mir, »du glaubst nicht, wie manche Eltern mit uns reden. Als wären wir ihre Dienstboten!« Dieser Mangel an Respekt erzeugt einen gefährlichen Spalt, der immer tiefer wird. In diesem Spalt wächst Unkraut in Form von Selbstzweifeln, Zynismus, Wut oder Resignation. Die Saat daraus wird wiederum an Schwächere weitergegeben – das könnte auch Ihr Kind sein.

Die zweite Ebene des Respektverlustes ist die fachliche. Hier steht die unklare, manipulative Vermittlung vermeintlicher Fakten ganz oben. Ich spreche nicht nur von Fake News, dem gezielten Streuen von Falschinformationen, sondern auch von geschönten Daten und Euphemismus in der Wortwahl. Wenn hinter Worten wie »neuen Chancen« und »freigesetztem Potenzial« die willkürliche Entlassung von Arbeitskräften steht, wenn durch »aufenthaltsbeendende Maßnahmen« oder »Rückführung« die moralisch zweifelhafte Abschiebung oftmals lang integrierter Menschen vertuscht werden soll. Wenn mit »unfreiwilligen Liebesdiensten« Zwangsprostitution verschleiert wird und »Preisanpassungen« als Schönrede für massive Teuerungen eingesetzt werden, dann wird Vertrauen geschädigt und Respekt abgebaut. Der menschenverachtende Krieg wird als »geopolitischer Konflikt« bezeichnet, von »Säuberungsaktionen« ist die Rede. Hier dreht sich nicht nur mir der Magen um. Verantwortliche in Politik und Gesellschaft schaden sich, indem sie die Prinzipien des Respektes konterkarieren und ihren Drang nach Machterhalt durch Schönfärberei von Fakten den Vorzug geben. Vielleicht können die zum Entstehungszeitpunkt dieses Buches herrschende globale Krise und das mangelnde Vertrauen in die Regierungen durch »vertrauensbildende Maßnahmen« behoben werden?

Der Drang nach Geltung steckt in uns, soviel ist erforscht und sicher. Wir brauchen Ansehen nicht nur für unser Ego, sondern auch, um zu (über-)leben und uns weiterzuentwickeln. Wer kein Ansehen hat, verkümmert. Doch die Art und Weise, wie wir Respekt und Ansehen aufbauen, liegt an uns. Wenn wir dem Drang nach Geltung freien Lauf lassen, ohne Rücksicht auf unsere Mitmenschen stets die eigenen Bedürfnisse und Ziele verfolgen, erlangen wir auch eine Art von Respekt – nämlich Vorsicht, Angst und Misstrauen. Wir bauen einseitige Macht auf, die wir dann nutzen, um andere zu unterdrücken oder ihnen unseren Willen aufzuzwingen. Es sind nur wenige Menschen, die mit diesem Verhalten dauerhaft glücklich sind, die nie Gewissensbisse haben oder eines Tages die Rechnung präsentiert bekommen.

Mir persönlich geht auch der Respekt verloren, wenn ich meine eigenen Worte höre oder lese, die nur leider nicht als meine deklariert werden. »Wenn andere dich zitieren, bist du berühmt!«, versuchte ein Kollege zu beschwichtigen, als ich ihm entrüstet einen Social-Media-Beitrag mit exakt meinen Worten zeigte, die allerdings aus dem Mund einer Kollegin kamen, die einen »ganz persönlichen Tipp« präsentierte. Zitieren und nachmachen gerne, so entwickeln wir uns miteinander weiter. Etwas zu stehlen und als das Eigene zu verkaufen – respektlos, würdelos, wertelos.

Mit der Saat, die wir säen, beeinflussen wir unsere Ernte. Wer anderen mit Respekt begegnet, Empathie zeigt und die Würde wahrt, wird Ansehen ernten. Das bedeutet nicht, sich Respektlosigkeiten anderer gefallen zu lassen. Im Gegenteil: Wir brauchen klare Werte und Grenzen, die wir in Worte fassen. Die Rhetorik des Respektes ist geprägt von deutlicher Sprache mit Rücksicht auf den Empfänger, von Klarheit im Inhalt und von der Wahrung der Würde.

Haben Sie bei der Lektüre dieses Buches entdeckt, dass auch Sie gewisse Spiele und Verhaltensweisen nutzen, um sich Respekt zu verschaffen? Ich behaupte vollmundig: Jeder Mensch macht das. Der Unterschied ist nur, dass Sie nun bewusst entscheiden können, welche Art des Respektes Sie in Ihren Beziehungen aufbauen möchten. Möchten Sie in Ihrer Rolle als Führungskraft, als Partnerin, als Freund oder Nachbar natürliches Ansehen gewinnen oder sollen die anderen schlotternde Knie bekommen, wenn sie mit Ihnen zu tun haben?

Die Werkzeuge für beide Varianten haben Sie nun in der Hand. Setzen Sie sie mit Bedacht ein – es ist Ihre Bühne und Ihr Leben.

Ihre

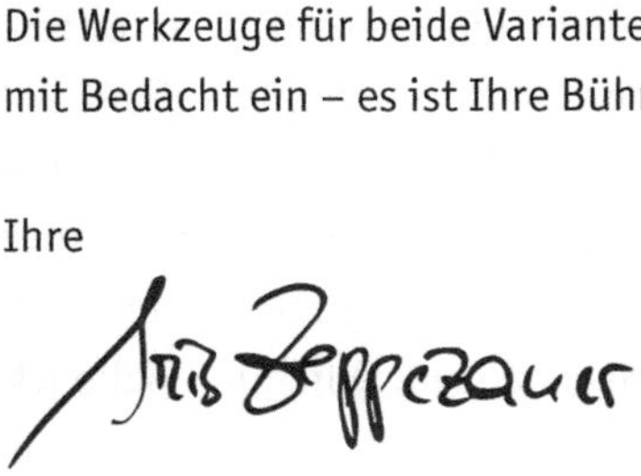

Dank

Ein Buch zu schreiben ist ein umfangreiches Projekt, das Zeit, Herzblut und sehr viel Disziplin fordert. Als Autorin bin ich deshalb über jedes Nachfragen, jede mentale und persönliche Unterstützung unendlich dankbar. Ich danke den wertvollen Menschen in meinem Freundes- und kollegialen Kreis, dass sie mir stets mit Neugier, Offenheit und klaren Worten begegnen. In der Zeit des Schreibens geraten private Beziehungen oft ins Hintertreffen. Umso mehr freue ich mich, euch viel von dem Guten, das ihr mir tut, zurückgeben zu können. Die Menschen, mit denen ich täglich arbeiten darf, inspirierten mich und teilten eine Fülle von Geschichten. »Das glaubt mir sowieso keiner, wenn es nicht in einem Buch steht!«, gab mir einer meiner Kunden samt seiner Geschichte mit auf den Weg. Danke dafür!

Mein Verlag BusinessVillage hat das Thema »Respekt und Klarheit« sofort aufgegriffen und mich motiviert, dieses Werk zur Welt zu bringen. Keine Doktorarbeit, sondern spannend, praxisnah und verständlich sollte mein geteiltes Wissen sein – das war die Vorgabe. Mein Anspruch an Tiefgang und Nutzen ist sehr hoch, deshalb danke ich von Herzen allen, die mit ihren Impulsen und ihrer Kritik geholfen haben, diese Gratwanderung zu schaffen.

Während dieses Buch entstanden ist, lief mein Tagesgeschäft aus Unternehmensberatung, Coaching, Seminaren und Hochschullehre unaufhaltsam weiter – und zwar in einer noch nie dagewesenen Intensität. Ich danke von Herzen meiner Familie, die meine Umtriebigkeit mitträgt. Mein Sohn bringt mich mit der lebendigen und wortgewandten Beschreibung seiner Erlebnisse als junger Erwachsener immer wieder zum Nachdenken. Durch ihn habe ich Einblick in eine Denkweise, die sich von meiner etwa so unterscheidet, als würde ich mich mit meiner Großmutter vergleichen.

Und hätte ich nicht meine wundervolle Tante Rosi, wäre unser Haushalt den Bach hinuntergegangen. Tausend Dank für Tonnen gebügelte Wäsche, genähte Vorhänge, ausgelöste Nüsse, gefüllte Paprika und fantastische Mehlspeisen!

Vor zwanzig Jahren brachte mein Mann von einem Flohmarkt zwei antike Buchstützen in Form von Porzellanelefanten mit, wie man sie in der Zeit des Jugendstils zum Zusammenhalten von Büchern benutzte. Damals wusste ich noch nicht, dass er meine größte Stütze sein würde – nicht nur beim Bücherschreiben, sondern auch dann, wenn ich wieder einmal Gefahr laufe, selbst auseinanderzufallen. Wie die beiden Elefanten hält er zusammen, was mir wertvoll ist: meine Liebe zum Leben, das Bewusstsein im Moment und den Fokus auf das wirklich Wichtige. Meine Dankbarkeit dafür kann kein Papier dieser Welt tragen.

Wie soll man über Respekt schreiben, wenn man selbst nie erfahren durfte, was es bedeutet, in einer respektvollen Umgebung aufwachsen und leben zu dürfen? Meine Eltern haben stets vorgelebt, was es bedeutet, andere wertschätzend zu behandeln, im Streitfall auch einmal vom hohen Ross herabzusteigen und der Würde den Vortritt zu geben. Mit Liebe, Weisheit und Umsicht haben sie eine Großfamilie aufgebaut, ganz nebenbei einen Betrieb geführt und sich ehrenamtlich engagiert. Die Ernte dürfen meine Geschwister und ich ein Leben lang genießen. Sie und ihre Familien sind meine besten Freunde und Fels in der Brandung.

Liebe Leserin, lieber Leser, bevor Sie sich wieder Ihrem Alltag und Ihren Herausforderungen widmen, möchte ich Ihnen für Ihre Ausdauer danken. Tragen Sie das Lebensgefühl einer respektvollen, klaren Haltung in Ihre Welt und staunen Sie, was zurückkommt.

Literatur und Quellen

Hannah Arendt (1991): Elemente und Ursprünge totaler Herrschaft. Antisemitismus, Imperialismus, totale Herrschaft. Piper Verlag.

Art of Hosting: Die Kunst des Gastgebens und Erntens wertvoller Gespräche. Website der Methoden und Organisationen. Verfügbar: https://artofhosting.org/de/, abgerufen am 5. Dezember 2022.

Nathaniel Branden (2011): Die 6 Säulen des Selbstwertgefühls: Erfolgreich und zufrieden durch ein starkes Selbst. Piper Verlag.

Eric Berne (2012): Was sagen Sie, nachdem Sie »Guten Tag« gesagt haben? 22. Auflage, Fischer.

Eric Berne (2013): Spiele der Erwachsenen. 14. Auflage, Rowohlt Verlag.

Rene Borbonus (2019): Vortrag zum Thema Klarheit, LANXESS Arena, Köln. Verfügbar: https://www.youtube.com/watch?v=IzwqHHaG2EQ&t=107s, abgerufen am 5. Dezember 2022.

Robert B. Cialdini (2017): Die Psychologie des Überzeugens. 8. Auflage, Hogrefe Verlag.

Dietrich Dörner (1989): Die Logik des Misslingens: Strategisches Denken in komplexen Situationen. Rowohlt Verlag.

J. R. P. French, B. H. Raven (1959): The bases of power. In D. Cartwright (Ed.), Studies in social power (pp. 150 – 167). Ann Arbor: University Michigan Press.

Friedrich Glasl (1980): Konfliktmanagement. Diagnose und Behandlung von Konflikten in Organisationen. Haupt.

John Greenwood (2018): How Would People Behave in Milgram's Experiment Today? In: Behavioral Scientist. Verfügbar: https://behavioralscientist.org/how-would-people-behave-in-milgrams-experiment-today/, abgerufen am 5. Dezember 2022.

Reinhard Haller (2019): Das Wunder der Wertschätzung: Wie wir andere stark machen und dabei selbst stärker werden. Gräfe und Unzer Verlag.

Thomas Hobbes (1984): Leviathan oder Stoff, Form und Gewalt eines kirchlichen und bürgerlichen Staates. Herausgegeben von Iring Fetscher. Suhrkamp Verlag.

Daniel Kahneman (2012): Schnelles Denken, langsames Denken. Siedler Verlag.

Daniel Kahneman, Amos Tversky (1979): Prospect theory: An analysis of decision under risk. In: Econometrica Band 47, Nr. 2, S. 263–291.

Lexikon der Biologie (1999): Rangordnung. In: Spektrum. Spektrum Akademischer Verlag. Verfügbar: https://www.spektrum.de/lexikon/biologie/rangordnung/55610, abgerufen am 5. Dezember 2022.

George Lucas Film (2005): Star Wars™ – Episode III – Die Rache der Sith.

Niccolò Machiavelli (1995): Il Principe / Der Fürst. Italienisch/Deutsch. Reclam.

Abraham Maslow (1943): A Theory of Human Motivation. In: Psychological Review, 50, 370-396. Verfügbar: http://psychclassics.yorku.ca/Maslow/motivation.htm, abgerufen am 5. Dezember 2022.

David McClelland (1961): The achieving society. Van Nostrand, Princeton.

Stanley Milgram (1963): Behavioral Study of Obedience. In: Journal of Abnormal and Social Psychology. Band 67, S. 371–378.

George Orwell (2021): 1984. Anaconda Verlag.

Christian Paulick (2018): Macht [online]. socialnet Lexikon: socialnet, 17.09.2018. Verfügbar: https://www.socialnet.de/lexikon/Macht, abgerufen am 18. September 2022.

Laurence J. Peter, Raymond Hull (1979): Das Peter-Prinzip oder Die Hierarchie der Unfähigen. Rowohlt Verlag.

Hans Peter Premur (2016): Barmherzigkeit in den Weltreligionen. Vortrag Zusammenfassung. Verfügbar: https://www.kath-kirche-kaernten.at/dioezese/detail/C3833/barmherzigkeit_in_den_weltreligionen, abgerufen am 5. Dezember 2022.

Fritz Riemann (1969): Grundformen der Angst. Ernst Reinhardt Verlag.

Joanne K. Rowling (1998): Harry Potter und die Kammer des Schreckens. Carlsen Verlag.

Hans-Dieter Schneider (2000): Macht. In: Lexikon der Psychologie, Spektrum Akademischer Verlag, Heidelberg. Verfügbar: https://www.spektrum.de/lexikon/psychologie/macht/9039, abgerufen am 5. Dezember 2022.

Friedemann Schulz von Thun (1981): Miteinander reden. Band 1 – 3. 1981, Rowohlt Verlag.

Statistisches Bundesamt Deutschland, 2022: Studie zur Lebensmittelverschwendung. Verfügbar: https://www.bmel.de/DE/themen/ernaehrung/lebensmittelverschwendung/studie-lebensmittelabfaelle-deutschland.html, abgerufen am 5. Dezember 2022.

Martin Surbeck, Roger Mundry, Gottfried Hohmann (2010): Mothers matter! Maternal support, dominance status, and mating success in male bonobos (Pan paniscus). Proceedings of the Royal Society B. In: Biological Sciences.

Vereinte Nationen (1948): Allgemeine Erklärung der Menschenrechte. A/RES/217 A (III). Verfügbar: https://www.un.org/depts/german/menschenrechte/aemr.pdf sowie Wikipedia.org, abgerufen am 5. Dezember 2022.

Vereinte Nationen, UNHCR (2022): Statistiken zur weltweiten Flüchtlingsbewegung. Verfügbar: https://www.unhcr.org/refugee-statistics/, abgerufen am 13. Dezember 2022.

Carol Vidal, Dar Meshi (2022): Behavioral addictive disorders in children and adolescents. Journal of the American Academy of Child and Adolescent Psychiatry. Verfügbar: https://smnlab.msu.edu/wp-content/uploads/2022/09/Vidal_2022_JAACAP.pdf, abgerufen am 5. Dezember 2022.

Max Weber (1985): Wirtschaft und Gesellschaft – Grundriss der verstehenden Soziologie. Herausgegeben von JoRobert Winkelmann. 5. Auflage, Mohr Verlag.

Hans-Jürgen Wirth (2002): Narzissmus und Macht. Zur Psychoanalyse seelischer Störungen in der Politik. Psychosozial-Verlag.

Iris Zeppezauer (2022): contra! Angriffe erkennen. Treffend kontern. Wirksam durchsetzen. 2. Auflage, BusinessVillage.

Radikales Selbstvertrauen

Yana Fehse
Radikales Selbstvertrauen
Die geheime Stärke erfolgreicher Menschen
1. Auflage 2023

220 Seiten; Broschur; 24,95 Euro
ISBN 978-3-86980-669-3; Art.-Nr.: 1155

Weder Wissen noch außerordentliche Fähigkeiten reichen aus, um erfolgreich zu sein. Dafür bedarf es noch einer besonderen Zutat: Selbstvertrauen – und zwar möglichst viel davon!

Leider mangelt es vielen von uns an einem gesunden Selbstvertrauen. Der Grund sind Selbstzweifel. Sie machen uns kleiner, als wir sind, sie lassen uns permanent unter unseren Möglichkeiten bleiben und hemmen unsere Weiterentwicklung.

Niemand kommt mit einem starken oder schwachen Selbstvertrauen auf die Welt. Vielmehr ist es das Resultat von Lernerfahrungen und Vorbildverhalten. Doch jeder von uns kann umlernen! Unser Gehirn ist in der Lage, neue neuronale Netzwerke zu bilden. Es ist wissenschaftlich bewiesen, dass sich sogar unsere Gehirnstrukturen verändern, wenn wir mehr an uns glauben und unser Selbstvertrauen stärken.

Yana Fehses Buch hilft dir, zu verstehen, dass wirklich jeder in der Lage ist, ein unerschütterliches Selbstvertrauen aufzubauen und seine Selbstzweifel in den Griff zu bekommen. Durch die Entlarvung von Selbstsabotage-Mustern und mit praxiserprobten Schritten kann dieses Ziel von jedem erreicht werden.

Echte Wertschätzung

Christian Bernhardt
Echte Wertschätzung
Beziehungen stärken. Vertrauen vertiefen.
Teams gemeinsam entwickeln.
1. Auflage 2022

300 Seiten; Hardcover; 29,95 Euro
ISBN 978-3-86980-666-2; Art.-Nr.: 1149

Mangelnde Wertschätzung ist ein Hauptgrund für Unzufriedenheit im Job. Denn Menschen wollen wie Menschen behandelt werden. Das ist die Voraussetzung für ein positives und konstruktives Arbeitsklima, in dem sich Mitarbeiter:innen weiterentwickeln.

Doch wie lässt sich wertschätzende Kommunikation lernen? Wie kann man echte Wertschätzung im Führungsalltag etablieren? Wie lassen sich negative Kommunikationsmuster auflösen?

Antworten darauf liefert Bernhardts neues Buch. Denn wertschätzende Kommunikation ist eine elementare Führungseigenschaft und eines der effektivsten Führungswerkzeuge.

Es zeigt, wie sich Vertrauen und Wertschätzung aufbauen und kontraproduktive Macht-Asymmetrien beseitigen lassen. Praxisnah und anschaulich illustriert es, wie Führungskräfte auf einfache Weise Micro Habits entwickeln um negative und belastende Kommunikation zu vermeiden. Ganz ohne Arbeits- oder Mehraufwand lassen sich so neue Verhaltensweisen in den normalen Führungsalltag integrieren und Vertrauen und Motivation aufbauen.

www.BusinessVillage.de